JN011074

ICHIRO（イチ口）

一撃で英語が話せる方法を教えてください！

HELP!

ICHIRO

KADOKAWA

はじめに

いきなりですが質問です。英語を話せるようになるためには、どんな方法をとればよいでしょうか?

- 英語に慣れるために大量の聞き流しをする。
- リスニングの練習は "繰り返し" 英語を聞く。
- とにかく単語をたくさん暗記する。
- 英検やTOEICで高得点を目指して勉強する。
- 留学しないと英語は話せるようにならない。

もしあなたが英語を話せるようになるために上記のようなことをしなければならないと思っているのであれば、それは大きな間違いです。

驚くべきことに、私がこれまで相談を受けてきた多くの日本人が、上記のような思い込みをしていました。

しかし、このような方法で学習に取り組んだことで英語を話せるようになった方を、私は見たことがありません。

一方で、私自身を含め日本人で英語を話せるようになった人たちは、これらの方法とはまったく異なる学習方法で英語を習得しています。

ただし厄介なことに、英語を話せるようになった人のほとんどが "無意識" に正しい学習法で英語を身につけているため、これまでそれを誰も明確に言語化していなかったのです。

英語が話せる人に「どうやって英語を話せるようになったの?」と聞いてみて、「自分でもよくわからないんだよね。海外ドラマをずっと見てたからかな?」と返ってきた経験も少なくないかもしれません。

この本では、これまで誰も言語化できなかった "英語を話せるようになる仕組み" を、「一撃で」ご理解いただけるように説明します。

最初にあげた間違った英語学習法の例に話を戻しますが、よく考えてみて欲しいのです。

「聞き流すだけで英語が話せるようになる、聞こえるようになる」と謳っている教材はこれまでにたくさんありましたが、それで実際に英語が話せるようになった人をあなたは見たことがありますか？　私はありません。

「英語が聞き取れない理由は、英語を聞き慣れていないだけ。だから、英語に慣れるために繰り返し聞く必要がある」
　なんとなく正しい理論のように聞こえますが、あなたが今から英語ではなく、ヒンディー語など、これまでまったく耳にしたことがないような言語のCDを繰り返し聞いたとします。そのうち慣れて、何と言っているのか聞き取れるようになるでしょうか？　なりませんよね。

「英語を話せないのは、やっぱり単語を知らないからだ！　だから、たくさん単語を暗記することが大事」
　大量の単語の暗記は、あなたが学生時代に経験したはずです。電車の中で赤いシートを使って、一生懸命単語を暗記している学生を見かけます。彼らは2000~3000語という英単語の暗記に数年がかりで取り組み、受験の当日まで苦戦しています。もちろん英語は話せるようになっていないですし、受験が終われば、ほぼすべての英単語を忘れ去るでしょう。

　社会人になってからは、TOEICに挑戦する人を多く見かけます。なんとなく「社会人の英語学習＝TOEIC」というイメージがあるのでしょうか？　会社での昇給に関わる場合もありますし、資格取得が趣味の方もいます。もちろん、社会人で勉強に投資する姿勢も素晴らしいと思います。
　ですが、資格や検定というのは落とし穴があるのです。
実際に、TOEICで高得点を所持していても英語が話せない人が多くいます。
逆に、TOEICを受けていなくても英語がペラペラな人もいます。TOEICで高得点を取ることと、英語を話せるようになることはまったく別モノなのです。

　この本を読めば、「なぜ日本人が英語を話せないのか」ハッキリとその原因がわかり、英語を話せるようになるための仕組みを理解できます。

　例をあげたような間違った英語学習法に真面目に取り組んでこられた方には信じがたいでしょうが、私の指導では、まず英語の発音（音）をしっかりと体得します。
　"英語は音が10割"といっても過言ではありません。

アルファベット単体やその組み合わせによる単語の発音、そして単語の連結による音の変化をマスターすれば、一撃で英語が上達します。

　これが実際に体験できる私のYouTubeチャンネル「ICHIRO ENGLISH」の動画「一撃で英語が聴き取れる本物のリスニング教えます」は、公開から約9ヶ月、2020年5月時点で再生回数300万回を突破し、「本当に一撃で英語が聞こえた！！」などと、効果を証明する視聴者の数えきれない量のコメントが寄せられています。

　また、これまで私のセミナーなどで、直接私から指導を受けた1000名を超える方々や、現在、私の会社が運営するオンライン英語学習スクール及びサロン「TEBLA English Learning Community」でこれまで受講いただいた数千名の方々も、次々に英語を聞き取れるようになってしまいました。

　そのロジックと実践方法は、これまでにないほどシンプルで、簡単なものです。

　これまでの英語の "常識" を一度、すべて忘れてください。私が指導する英語の学習法と理論は、既存の一般的な学習法とは根本から異なります。

　正しい方法を知って実践すれば、必ず効果が得られます。効果が得られると、学習は楽しいものです。ありがたいことに、多くの方から「初めて英語が楽しいと思えた！」や「もっと早く知りたかった！」などの感想をいただきます。
　本当の英語の世界が見えれば、きっとあなたも感動するはずです。

　英語が話せるようになって人生が激変した私自身の素晴らしい実体験を、あなたにもしてもらいたい。それを実現するための具体的な方法を記しました。

　あなたがこの本から新しい発見を得て下されば大変嬉しいです。

ICHIRO

Contents

最速の英語学習は
「音」から始める

Chapter 2 イチロー式　一撃英語メソッド②

英語が一撃で話せるようになる 「母音の発音」集中講義

英語が一撃で話せるようになる「子音の発音」集中講義

Chapter 4 　イチロー式　一撃英語メソッド④

劇的にリスニングが上達する
「アメリカ英語」の集中講義

Chapter 5 イチロー式　一撃英語メソッド⑤

独学でペラペラになる「ネイティブ英語の習慣」をつくる

動画データ利用方法

パソコン、スマートフォンなどから下記URLまたは、
QRコードにアクセスし、動画を再生してください。
本書に掲載されたQRコードのついた部分の発音・解説を
無料で視聴いただけます。

https://additional.kadokawa.co.jp/ichigekieigo/

また、本編にもQRコードのついたページがあり、
それぞれの解説動画にリンクしています。
文中ではお伝えしきれない内容も盛り込んでいますので、
ぜひ学習に役立ててください。

※動画をご覧いただく際の通信費は読者様のご負担となります。
※動画アプリをインストールしている場合は、アプリが立ち上がることがあ
　ります。
※この動画サービスは予告なく終了することがあります。あらかじめご了承
　ください。

登場人物紹介

ICHIRO先生

（※読みやすくするため、以下「イチロー先生」と表記します。）

英語講師、語学系人気YouTuber。落ちこぼれ高校生時代に、映画を活用した独自の語学習得理論を構築し、成績が急上昇。ランク外高校から、地方の有名大学の外国語学部に合格を果たす。その後も独自の英語学習法に磨きをかけ、オンライン英語塾「TEBLA English Learning Community」を立ち上げる。発音に着目した英語学習法を紹介したYouTubeチャンネル「ICHIRO ENGLISH」が爆発的な人気を呼び、語学業界の風雲児として注目されている。

ユミ

英語が大の苦手な20代の文系OL。海外ドラマ好きながら、いつも吹替で鑑賞している。英語コンプレックスを克服し、いつかは海外一人旅をしてみたい！と、イチロー先生の授業を受けることを決意。

底辺高校の引きこもり少年から YouTuber英語講師にまで なった英語学習法

英語アレルギーの私でも 一撃で上達できる方法を教えてください！

 イチロー先生、はじめまして！　英語オンチを直したくてご連絡した、OLのユミです！

 ユミさん、はじめまして！　英語講師のイチローです。英語学習でいろいろとお悩みのようですね。

 そうなんです……。私、学生のころから海外ドラマが好きでよく見ているんですが、英語がまったくダメで……。でもいつかは、海外で一人旅したいし、外資系企業に就職して、外国人の同僚とカッコよく働いてみたいんです。イチロー先生は、最近話題の英語系YouTuberとしてご活躍されているそうですね。お願いします！　大学を出ても英語オンチが直らない私に、英語が話せる方法を教えてください！

 素晴らしい目標ですね！　ちなみにユミさんは、海外ドラマを見るのが趣味なんですよね。ということは、日々

たくさんの英語に触れているんですか？

（ぎくっ！）　い、いえそれが……。実は私、英語が本当にアレルギーで、海外ドラマも吹替版しか見ていないんです……。

そんなに英語に苦手意識があるんですね。
ちなみに、英語のどんなところが苦手なんですか？

どんなところというか……。もう、何もかもが苦手です！
英語は中学からずっと勉強していましたが、リスニングも文法も英単語も、いくら勉強してもすぐに忘れてしまって……。
社会人になってからは、もうあきらめかけていたんです。

なるほど。学生時代からずっと、英語が苦手だと思い込んでしまっていたんですね……。
でも、大丈夫です。私が独学で習得した学習法で勉強し直せば、一撃で「英語ギライ」を克服できますよ。

い、一撃でですか……？
でも私、中学から大学まで英語の勉強をしてきたのに、なかなか英語アレルギーが直らなくて……。
「私、英語のセンスないんだな」って思っているんです……。

まったく問題ありません。ユミさんが英語ができないのは、学校での勉強方法が間違っていたからです。ユミさんのせいではないんです。

落ちこぼれ高校生が独学で
1年間で英語ペラペラに!?

でも、イチロー先生は、顔もちょっとハーフっぽいし、もともと英語が得意だったんですよね？

私は母がフィリピン人なのでこういう顔ですが、母から英語を教えてもらったことは一切ないんですよ。

そうなんですか？　フィリピンって、オンライン英会話でも有名な英語圏ですよね……？

母は17歳の頃に日本に移住していて、私が生まれたときには日本語がペラペラだったんです。子供のころから100%日本語で育てられました。

じゃあ、基本的には私たちと同じだったんですね。

母からは英語の「え」の字も習わなかったので、高校入学時点では、まったく英語を話すことができませんでした。もちろん、フィリピンの公用語であるフィリピノ語は今でも話すことができません。

でも、イチロー先生はInstagramやYouTubeで有名な英語の先生ですよね。もともと勉強ができる子だったんじゃないですか？

 まったくの逆です。私が入学したのは、大学受験をすること自体が考えられない、成績でいうと下から数えた方が早いような高校でした。しかも、入学当初の私はその中でも特に落ちこぼれで、英語どころか、勉強自体まったくできませんでした。

 ええっ！　意外ですね……。

 入学当初は学校に行くことも嫌で、一日中オンラインゲームで遊んで、不登校同然でした（笑）　ちなみに、当時の写真（左）と今の写真（右）を比べてみると、このような感じです。

今の先生からは想像もつかないですね……。

 学校に行かないでゲームばかりやっていたので、ついには叔母にパソコンを取り上げられてしまったんですよ(笑)

 あはは（笑）　ゲームができなくなっちゃったんですね。それがきっかけで勉強に目覚めたんですか？

 勉強も学校も大嫌いだったので、今度は引きこもって映画や海外ドラマばかり見て過ごしていました。
そこから、独学で英語に取り組むようになって、メキメキと英語が上達していきました。1年くらいで、ネイティブの英語の先生と会話ができるようになって……。最終的には、地元・九州の名門大学の英語科に入学するまでになりました。

 引きこもりから名門の大学に合格！　すごいステップアップですね〜。

 私の高校では、特に私が通っていた普通科からその大学に入学するのは前代未聞のことでした。

 いったい、どんな方法で勉強されたのか気になります。

 「学校の英語」はキライでしたが、独自に英語に取り組むようになってからはどんどん実力がついてきました。

当時通っていた高校には、John先生というネイティブ
の英語の先生がいましたが、英語で積極的に話しかける
ようになり、会話にも自信がついてくるようになりまし
た。

そうすると、どんどん英語が楽しくなり、「英語を究め
てみよう」と前向きに考えることができるようになった
んです。

 すごい……。まさに、英語で人生が変わったんですね！

「音」から始める
「勉強不要」の英語習得術

「勉強」はいらない！
ネイティブの「音」をマネするだけ

 独学で英語がペラペラになるって、すごいですね！
1日何時間くらい勉強したんですか？

 実は、「英語の勉強」は一切やっていないんです。

 えっ？　どういうことですか？

 私の「イチロー式　一撃英語メソッド」では、以下のような「従来の英語学習法」は一切行いません。

「イチロー式　一撃英語メソッド」でやらないこと

- 英単語の書き写し＆丸暗記
- リスニング教材の聞き流し
- 英文法の勉強
- 英語の問題集を解く
- 英文の添削を受ける

えーっ!? これ全部、私が今までやってきた勉強法ですよ!

 たしかに学校では、単語を何度も書き写したり、文章を読みながら文法を学んだりしますよね。
でも、「イチロー式 一撃英語メソッド」では一切、これらのことはやりません。

 じゃあ、どんなことをすると英語が上達するんですか?

 英語が上達する、たった1つの方法をお教えすると、

ネイティブ英語を「音マネする」

だけです。

 音マネって……、つまり「発音」ですか?

 そうです。映画を見始めた高校1年生のころ、映画に出てくる俳優さんや女優さんの話し方に憧れて、彼らの話し方の「音マネ」を始めたことで、一気に英語を上達させることができたのです。「イチロー式 一撃英語メソッド」は、このときの経験を発展させて完成させたものなんです。

私も、そんなふうに話すことができるんでしょうか
……？

 もちろんです！
では、本格的なレッスンを始める前に、2つのことを約
束してください。

「イチロー式」を学ぶ上でのお約束

❶「これまで学んだ英語」は、いったん忘れる！
❷「まちがい」は、一切気にしない！

 えっ、忘れてしまっていいんですか？

 「イチロー式」では、学校の授業とはまったく逆の方法
で英語に取り組んでいただきます。また、「英会話」は
テストではありません。「まちがい」を気にせず、積極的
にトライ＆エラーを繰り返して、楽しく英語に取り組ん
でください。

 いったい、どんなメソッドで英語を学べるのかしら……。
ちょっと楽しみになってきました！

イチロー式　一撃英語メソッドのすすめ

 本書で紹介する「イチロー式　一撃英語メソッド」は、主に次のような方に向けて、「音」から始める、まったく新しい英語学習法を紹介しています。

本書を読むことをオススメしたい人

- 英語は学校でしか勉強していない
- カタカナ発音しかできない
- 英単語は何回書いても覚えられない
- 文法問題が苦手
- ネイティブの英語がまったく聞き取れない

↑の人が本書を読むと……

✦ **知らない単語でも読み方がわかる**

✦ **英単語が簡単に覚えられる**

✦ **ネイティブの英語がスッと頭に入る**

✦ **ネイティブのような発音が身につく**

✦ **参考書なしで英文法が身につく**

⇒英語が劇的に話せるようになる

 年齢は関係ありません。学校の成績が悪かったとしても大丈夫です。「イチロー式　一撃英語メソッド」で、辛い英語から楽しい英語へ変えましょう！

Chapter 1

イチロー式　一撃英語メソッド①

——

最速の英語学習は
「音」から始める

なぜ、「音を先」に学ぶと上達が早いのか？

 発音が大事、というのはわかるんですけど……。それよりも、英単語、英文法の方が大事なんじゃないですか？

 日本語でも英語でも、子どもが言語を覚えるときのことを考えてみてください。
子どもが文字を習うのは、一般的に小学校に入ってからです。そのころには日常会話ができている子がほとんどです。
つまり言葉というのは「音から先」に学ぶのが自然なんです。

 言われてみれば……。子どもは「音」から言葉を覚えて、その後から文字を覚えますよね。

 実は、大人の場合でも「音が先」の方が格段に早く上達します。日本で暮らす外国人の方を思い出してみてください。

多くの人が「話はできるけど、ひらがなや漢字は勉強中」
と言っていたりしませんか？
「すし」という言葉は知っていてしゃべれても、「寿司」
は読めなかったりするでしょう。

た、たしかに……。「日本語は漢字が難しいから」だと思って、あまり深く考えたことがなかったです（汗）

日本語が上手な外国人の方のインタビューをテレビなどで見ると、非常に多くの方が「日本の映画やアニメで日本語を覚えました」と話していますよね。

音を聞いてマネしているうちに自然と文法や単語が身についてくるのです。つまり、子どもでも大人でも関係なく、

言葉は、音から学ぶもの

というのが絶対なんです。

英語も日本語も、大人も子どもも、「音が先」……。

言語と言えば、文字をイメージする人が多いですが、会話をするときに文字は使いません。

例えば、教育水準が高くない国では、「会話はできるけど文字は読めない」という人も少なくありません。

言語は会話、すなわち音から覚える人が圧倒的多数なんです。

「音」からやれば
単語も文法も覚えられる

「音マネ」が
圧倒的に効率がいい理由

 英語は、音から勉強すると早い……。このような勉強法は初めてなので、なんだかワクワクしてきました！

 誤解しないでいただきたいのですが、「イチロー式」では「勉強」はしません。

 えっ？　どういうことですか？

 まずは、私が英語を上達させたように、好きな映画などを見ながら、楽しく「音マネ」をしてみるやり方を紹介します。
イメージとしては、飛行機に乗ったシーンなどで、

Welcome to Delta Air Lines.　デルタ航空へようこそ。

という放送が流れたりしますよね。その声を聞いて、聞いた通りの音が出るようにマネをする、といったイメ-

ジです。

はい、ユミさんも私と一緒に「音マネ」しましょう！

 えっ？ 今ですか？（汗）

 はい、一緒に！
Welcome to Delta Air Lines.

 ウェ、ウェルカムトゥデルタエアラインズ……。

 （読者の皆さんも一緒に「音マネ」してみましょう！）

 Welcome to Delta Air Lines.
Welcome to Delta Air Lines.
Welcome to Delta Air Lines.

 ユミさん、その調子です！　いかがですか？
こうやって声に出しているうちに、「人を迎える場合には、『Welcome to～.』を使えばいいんだ」と、英語のフレーズも自然と頭に入ってきませんか？

 たしかに……。今、「Welcome to～.」のフレーズを覚えられたような気がします！

 リスニング、英単語、英文法も同時に身につくので、一石四鳥だと言えますよ！

「文字だけ英語」を捨てれば最短で英語は上達できる！

「文字だけ英語」では絶対に英語は上達しない

 声を出したら、なんだか楽しくなってきました！
学校では、英語の発音はあまり重要視されていなかったので、ちょっと新鮮な感じがします。

 一般的に、これまでの日本の英語の授業では、先生が黒板にチョークで文字を書くところから始まりますよね。

> This is a pen.
>
> 「ディスイズアペン。『これは（1本の）ペンです』という意味です。Thisが『これ』で、isが『です』のような意味で、a penは『ペン』です。This と a pen がイコールの関係になっているのです。では、発音してみましょう〜」

といった具合で、授業を進めていきますよね。

まさしくそれです！　そういうふうに教わりました。

 これを順番に見ていくと、このようになっています。

●日本での英語の授業の進め方

　「文字→単語→文法→音」

 たしかに、音は後回しですね！　……でも、こういう教わり方って普通なんじゃないですか？

 英語圏以外の外国の子どもたちは、最初に「フォニックス（Phonics）」というアルファベットの正しい発音法を学びます。発音を先に学ぶことで、耳で聞いただけでスペルがわかるようになり、会話をしながら英語を覚えていきます。

●外国の英語の授業の進め方

　「音→会話→単語＆文法」

会話をすることで単語や文法が入ってくるため、圧倒的に早く英語ができるようになります。

当たり前の英語教育であるはずのフォニックス

外国ではまず始めにフォニックスを習う

 「フォニックス」って、初めて聞きました。

 フォニックスというのは、アルファベットの正しい発音方法を教える指導法です。日本では、よほど語学が好きな人でない限り、知らない人がほとんどです。

 英語の授業では「フォ」の字も聞いたことがありません。

 実は、外国では、英語を習うときには必ず、フォニックスを最初に習うものなんです。

 えぇ⁉　外国では最初に勉強するのに、日本では最後までフォニックスをやらないということですか⁉

 そうなんです。
例えば、サッカーが上手になりたいなら、まずボールを買ってきて蹴ったりドリブルをしたりして遊んでいくこ

とで、自然に技術が向上しますよね。

同じように英会話も、自分の口を動かして、「音」で会話のやりとりをしながら身につけていくのが本当のやり方です。

しかし日本では、サッカーをやる前に教本を読んだりビデオを見たりしながら、理論や知識をひたすら勉強するような学び方になってしまっているのです。

 そう言われると、たしかに学校では文章ばかり読まされて、会話は二の次でしたね。

 日本ではテストが最終目標なので仕方がありませんが、知識をいくら身につけても、実践練習をしないと英会話は絶対に上達しません。

つまり、

英語は「話して覚える」

ことが、一番大切なことなんです。サッカーだって、本で知識をつけるよりも、実際にボールを蹴った方が上手くなりますよね。

 こうして聞くと、当たり前に思えますね……（笑）

ユミさんが英語を話せないのは、ユミさんの努力が足りなかったわけでも、ユミさんに英語の才能がなかったわけでもありません。

学校が、「当たり前の英語教育をやってこなかった」ことが原因なんです。

知らないとヤバいのに日本人が ほとんど知らない発音の仕組み

アルファベットの音を 正しく知っていますか？

イチロー先生が 動画で解説！

Ch1

 「音」から始めることで英語が上達する、というのは、 なんとなくわかりました。でも「発音をすることで単語 力や文法が身につく」というのは、ちょっと飛躍しすぎ な気がします。

 皆さんは、文字から英語を学ぶことが当たり前になって いますからね。 ではユミさん、突然ですが、この文字を発音してみてい ただけますか？

R

 えっ、「アール」ですよね？

 そうですね！　では次に、このアルファベットを発音し てみてください。

<u>E</u>

 「イー」です……。

 その通りです！　では最後、これは何と発音しますか？

<u>D</u>

 「ディー」……、さすがにそれくらいわかりますよ（笑）

 そうですよね（笑）
それではユミさん、これはなんと発音しますか？

<u>RED</u>

 そりゃ……、「レッド」ですよね。

 ユミさん、ちょっと変だなと思いませんでしたか？

 えっ、……やっぱり、カタカナ発音すぎました？

 いえ、そういうことではなく……（笑）
「R＝アール」「E＝イー」「D＝ディー」と発音していた
のに、どうして「RED＝レッド」と発音したのでしょう
か？

え？　どうしても何も……、いくら英語オンチの私でも、「RED=レッド（赤色）」は知っていますよー。

 たしかに、「RED」は「アールイーディー」ではなく「レッド」です。実はここに、日本人の私たちが学校でまったく教わってこなかった、アルファベットの常識が隠されているんです。

 アルファベットの常識？

 つまり、

「R」の発音は「アール」ではない

ということです。

「R」の発音は
「r」である

 「Rの発音はアールではない」って……。だって「R＝アール」なのは事実ですよね。いったい、どういうことなんですか？

 まず、日本語の「あ」「い」「う」「え」「お」を考えてみてください。
「あい」を発音する場合は「めい」と発音しますよね？

それは、そうですね。

 でも英語で「RED」を発音する場合、何かの略称などの場合を除いては、「アールイーディー」ではなく「レッド」のような音で発音します。

 そうですね。私もそれで、「レッド」と発音しました。

 つまり「アール」というのは「R」という文字の名前で、Rの「本当の発音は別にある」ということなんです。
もっと言えば、

「R」の発音は「r」である

と言うことができるのです。

 「R」の発音は「r」？

 ちょっと文章だとわかりづらいですよね（笑）
実は日本語の場合も同じで、「あ」の発音も「あ」以外で表記することができません。
同じように、「R」の発音も「r」としか表記できません。

 「R」の発音……。言われてみれば、アルファベットの個別の音をしっかりと教わった記憶はないですね……。

このように、各アルファベットの「本当の発音」を学ぶことがフォニックスを学ぶ目的です。

皆さん、英語が苦手といったとき、ほとんどの人は「リスニングができない」「単語が覚えられない」「文法が難しい」と考えることが多いと思います。

実は、英語が苦手な本当の原因は、フォニックスをすっ飛ばして文法を学んでしまったこと。この「アルファベットの基本」がわかっていないため、リスニングも英単語も英文法もわからなくなってしまうのです。

発音を学べば
英単語は一撃で覚えられる

なぜ初見の単語を
発音できないのか？

 つまり、アルファベットにも、ひらがなのような音が決まっている、ということですか？

 その通りです。そして、これをしっかりと理解していないと、いつまでたっても英語学習で苦労することになります。

 たしかに、発音ができないとネイティブに上手く伝わらないとは思いますが、英単語や文法を覚えるのにまで関係するものなんですか？

 例をあげてみますね。
ではユミさん、「refrigerator」は何と発音するでしょうか？

 えっ？　これ、何の単語ですか？　わからないです……。

これは「冷蔵庫」を意味する単語で、あえてカタカナ表記にすると「リフリジレイター」のように発音します。

 リフリジレイター……、む、難しい単語ですね……。

 そうですね。ネイティブにとっても長くて発音しにくい単語なので、普段の会話では短く「fridge」と言うことが多いです。これはカタカナ表記だと「フリッジ」のように発音します。

 先生……、もう難しくなってきました（泣）

 そう、難しく感じますよね。でも、「冷蔵庫」自体は日常レベルの単語です。つまり、

> # 英語が難しいのは
> # 初めて見る単語が発音
> # できないから

なんです。

 「初めて見る単語が発音できない」。英単語を覚えるときの一番の悩みですよね。

 日本語の場合、ひらがなやカタカナといった文字がその

まま音を表します。そのため、「いちろう」と書けば、誰でも発音できます。

その一方で、先ほどユミさんが「RED」を「レッド」と発音できたのは、過去にスペルと発音を一緒に覚えたからです。ひらがなを読むように、アルファベットを「音」として読んだわけではありません。

アルファベットの発音を学べば
一撃で単語を覚えられる！

 そうなんですよね。英語の場合、スペルを何回も書いて、それからCDで発音を聞いて……。ネイティブの人も、そうやって英単語を覚えているんでしょうか？

 もちろん違います。

ネイティブの人は
初めて見る単語でも発音
できます

 えっ!?　そうなんですか？　やっぱり、子どもの頃から英語をやっていると、文字が読めるようになる……？

 ユミさん、落ち着いてください。そんなことあるわけないじゃないですか（笑）

そうですよね（笑）　じゃあ、なぜネイティブの人は初めて見る単語でも発音ができるんですか？

 ひと言でいうと、

ネイティブは
アルファベットの発音方法を
知っている

から、初めて見る単語でも発音することができるのです。

 アルファベットの発音方法？

 そうです。先ほどの「RED」の例でもお話ししたように、「R」には、「アール」という名称だけでなく「r の音」が決められています。
ネイティブの人は、このような「アルファベットの音」をしっかりと身につけているため、初めて見る単語でも発音することができるのです。

 な、なるほど……。ひらがなのように、「アルファベットにも決められた音がある」ということなんですね！

 その通りです！

「RED」の発音からわかる アルファベットの新事実！

ゼロから始める 「RED」の発音方法

 「アルファベットにも決められた音がある」……。頭ではわかりましたが、どういうことなんでしょうか。

 ここからは、音声と一緒に説明していくとわかりやすいですね。

まず「R」の音は、何度も説明したように「アール」ではありません。

あえてカタカナにすると、舌を巻いた状態で出す「アー」と「ヴー」の中間のような音です。よく音を聞いてマネしてみてください。

 アー……？

 日本語だと「ラ行」のように思っている方も多いですが、英語で「rrrr」と続けて書くと「動物の唸り声」などの濁った音がイメージされます。この唸り声をイメージするといいかもしれません。

だいぶイメージと違いますね！

 続いて「E」も、「イー」ではなく「エ」という音です。これは日本語の音に近いので、そのまま「エ」と発音します。

 エ……！

 その調子です！
最後の「D」も「ディー」ではなく、「ドゥッ」を短くしたような音です。これもカタカナ表記だとこうなってしまうのですが、もっと詰まった短い音です。

 ドゥッ……こういう感じですか？

 そうです！　では、REDのアルファベットをゆっくり順番に発音してみましょう。

アルファベットの 本当の「発音」

 順番にというと、どういう感じで発音するんですか？

 「R（アー）E（エ）D（ドゥッ）」となります。ユミさんもやってみてください。

 R（アー）E（エー）D（ドゥッ）。

いいですね！　徐々に速く発音してみましょう。

 アーエドゥッ
アーエドゥッ
アエドゥッ

 さらに、どんどん音を速くしていき、それぞれの音を滑らかに発音していきます。

 アエドゥッ
アエドゥ

 さらに、これを究極的に短くして発音していきます。

 rrreeeeddd……
短くして、
rreedd……
もっと短く、滑らかに音をつなげていきます。
rreedd……
red

 た、たしかにネイティブっぽい音になりました！

 これが「RED」の正しい音です。英単語の発音は、このように文字と音が対応しているのです。

日本人学習者は なぜリスニングが苦手なのか

発音を見直せば リスニングも得意になる?

 イチロー先生！　万年英語オンチの私でも、ちょっとネイティブっぽい発音ができた気がします！

 このように、アルファベットにはそれぞれの音が決まっています。それぞれの発音を一つひとつ覚えていくことで、初めて見る単語でも、すぐに発音できるようになるのです。

 発音をマスターしていけば、英単語を覚えるのが早くなりそうですね！　……でも、発音を勉強するだけで、文法まで上達するようになるんでしょうか?

 もちろんです！　「音」から学んでいくことで、英語の言い回しや構文などの知識は自然と身についていきます。

 でもイチロー先生、そもそも私はリスニングも苦手で。リスニングが苦手な人は、どうやって発音の練習

をすればいいんでしょうか？

ユミさん、いい質問ですね。でも実は、先ほどまでお話ししたことに、答えがあるんです。

えっ？　どういうことですか？

先ほどは、「アルファベットの音を学び直せば、単語が読めるようになる」とお話ししました。同じように、

> # アルファベットの音を学び直せば
> # リスニングもできるようになる

のです。

えぇっ！　発音をやるだけで、リスニングもできるようになっちゃうんですか？

よく「子どもの頃から英語に触れていないとリスニングはできない」とか、「留学して数ヶ月過ごさないと無理」などと言う人がいますが、実はそれらは全部、誤解です。

そ、そうなんですか？　それって、英語業界ではよく言われている事ですよね……？

日本人が英語のリスニングが苦手なのも、「アルファベットの発音をしっかりやっていないから」なんです。

一撃で「英語が聞ける」たった1つの方法

Ch1

発音がわかれば一撃で
英語が聞こえるようになる

イチロー先生が
動画で解説！

 ガーン!!　リスニングも発音のせいなんですか……。

 はい。わかりやすい例でお話をしましょう。この英語を
発音してみてください。

I'm working on it.（今やっているよ。）

 えーっと、「アイム　ワーキング　オン　イット」です
か？

 そんな感じですよね。では、実際の音を聞いてみてくだ
さい。

I'm working on it.

え？　今、同じ文を言ったんですか？　聞き取れませんでした……（笑）

 先ほどユミさんは「アイム　ワーキング　オン　イット」と発音しましたが、実際の英語は、滑らかに単語がつながって発音されます。
I'm working on it.
という文の場合、「working」と「on」、「on」と「it」が滑らかにつながります。「working」と「on」では、gの音が欠落し、「n」と次の「on」が繋がります。

I'm workinonit.

のように発音します。

 語尾と次の単語の先頭がつながっちゃうんですか！

 はい。「I'm workinonit.」なので、あえてカタカナ的に表記すると、

「アイmワーキンノニッ」

のような感じの発音です。「ム」ではなく子音のm単体の音です。では、実際に発音してみましょう。

ここでも発音練習ですか!?（笑）

 もちろんです！　せーのでやりますよ。せーのっ。

 I 'm working onit.
I 'm working onit.
I'm workinonit.

 いいですね！
では、最後にもう一度、実際の発音を聞いてみてください。

I'm working on it.

 あっ！　た、たしかに「I'm workinonit.」って、ちゃんと聞こえました……。すごい！

 特に日本人が勉強しているアメリカ英語の場合、「単語一つひとつの発音」に加えて、「単語がつながったときの発音」も知っておく必要があります。

 単語の発音と、単語がつながったときの発音ですか……。

逆に言えば、これらの発音をちゃんとやれば、一撃で英語が聞こえるようになります。

ここに、日本人がリスニングができない最大の理由が隠されているのです。

発音がわかれば
ネイティブ英語が聞こえる?

リスニングができない最大の理由……。ぜひ教えてください!

「何度も聞き流せばできるようになる」って言われているから、教材のCDを買ってたくさん聞いたのに、未だにできません。

ヒンディー語のCDを買ってきてずっと聞き流しても、当然ながら聞き取れるようにならないですよね(笑)

つまり、自分が音を知らないものは聞き取れないんです。

リスニングができない最大の理由は、

「アイム ワーキング オン イット」を「アイmワーキンノニッ」と発音されても聞き取れないということなんです。

ん? それって、どういうことですか?

例えば、「virus」を「ウイルス」と発音すると習ったことにしましょう。

そういう人は、リスニングする場合でも「ウイルス」と聞こえるのを期待しますよね。実際は、カタカナで書くと「ヴァイラス」に近い音です。「ヴァイラス」と聞いても、「ウイルス」と覚えている人はvirusだと気づけないわけです。

 な、なるほど……！よくわかります。

 つまり、日本人の多くがリスニングできないのは、

間違った発音で覚えているから
正しい英語が聞き取れない

ことが原因だと言えるのです。

 カタカナ英語で覚えていると、カタカナ英語しかリスニングできない、ということですね……。言われてみると、確かに!!

Ch1

発音がカタカナ英語だと
リスニングもカタカナ英語になる

イチロー先生が
動画で解説！

 例えば、皆さんは「McDonald's」を「マクドナルド」と覚えていますよね。でも、実際の発音は「マクドナルド」というカタカナではなくて、「McDonald's」なんです。

えっ？　今、どんな発音をしたんですか？

 あえてカタカナ表記すると、「mcダナld's」みたいな感じですかね……。

 イチロー先生。カタカナ表記とはまったく別物になっていますね（笑）

 そうなんですよね。McDonald'sの「c」の音には母音がないのですが、「ク」とカタカナで書いてしまうと「ku」という音になってしまいます。
「ld」の音も同様で、母音が入っていないのに「ルド」と書いてしまうと「ludo」という音になってしまいます。

 ちょっと難しくなってきました……。

 詳しくは後ほど説明しますが、発音をしっかりと身につけている人にとっては「基本的に単語のスペルと発音は一致する」ので、「マクドナルドは、Makudonaludoという単語に聞こえる」、というわけなんです。

 書いてあるように伝わるんですね。

 つまり、ネイティブの人にとっては、

McDonald'sは、「McDonald's」

マクドナルドは、「Makudonaludo」
という音で伝わっているのです。

 ネイティブの人は、音を聞けば「McDonald's」というスペルだとわかるんですね。

 そこでユミさんにお聞きしますが、「スペルと発音は同じ」ということを踏まえて、

McDonald's と Makudonaludo
は、同じ単語でしょうか？

そう言われると、確かに、まったく違う単語ですね！

 カタカナの場合でも「ウイルス」と「ヴァイラス」では、まったく違う単語だと思ってしまいますよね（笑）
英語のアルファベットも、実際はカタカナと同じように音が決まっているので、ネイティブが「Makudonaludo」と聞いても「McDonald's」のことだとは思ってくれないんです。

 なるほど……。だから、カタカナ英語はネイティブに通じないんですね。

 逆に日本人のリスニングでも、まったく同じことが言えます。
「McDonald's」の発音が「Makudonaludo」だと思っている人は、「McDonald's」と聞いたとき「マクドナルドとは別の単語だ」、と認識してしまっているわけです。

 リスニング教材を何度聞いても、発音を身につけていないと聞き取れない、ということだったんですね……。

 「アルファベットの発音の基礎」を学んでいないというのは、「あいうえお」の発音を「ざじずぜぞ」だと思って日本語を勉強しているようなものなのです。

努力しても 方向性が間違っていたらムダ

変えるべきなのは 「努力」ではなく「方法」

 私たち日本人は、発音をやっていなかったから、英語が苦手だったんですね……！

 そうなんです。アルファベットの発音の基礎が身についていないので、英単語もリスニングも、文法もできないままになってしまっていたのです。

 今までの英語の勉強は何だったんでしょうか……。イチロー先生、こんな私でも、今からやれば間に合いますか？

 もちろんです。私自身も、英語を真剣に学び始めたのは、高校1年生のころです。しかも、そのときは落ちこぼれ高校生でしたので、ユミさんよりも英語ができないくらいでした。

 でも先生は、やっぱりすごい努力をされたんですよね。

私の場合は、洋画や海外ドラマの「音」を中心にした学習法だったため、とても楽しく学ぶことができたんですよね。

 ガリ勉しなくても、一気に英語ができるようになりますか？

 もちろんです！
例えば、どんなに頑張って筋トレをしても、トレーニングの方法や食生活が間違っていると、なかなか効果が出にくいものです。
どんなに努力をしていても、努力の方向性が間違っていると期待通りの効果が得られません。

 学校の英語は、努力していても効果が出にくい学習法だったんですね……。

 これだけみんなが英語を長年学んでいるのに、多くの人が英語を話すことができないのは、「どれだけ努力をしたか」よりも「何をやったか」に問題があるからです。
正しい学び方でやり直せば、何歳からでも、ネイティブの人のような発音を身につけることは可能なんですよ。

 英語というと、単語や文法、長文読解ばかりだったので、ものすごく新鮮です！

ここからが、英語学習の出発点なんですね……。何だか
ワクワクしてきました！

 ユミさんにそう言っていただけると、こちらもワクワク
してきますね。では、フォニックスをベースにした、「一
撃でできる、ネイティブ発音の方法」をわかりやすく紹
介していきます！

Chapter 2

イチロー式　一撃英語メソッド②

―――

英語が一撃で
話せるようになる
「母音の発音」集中講義

口の中のイラストも発音記号も発音の学習に必要ない!

「口の形」より「聞こえた音」を出すのが大事

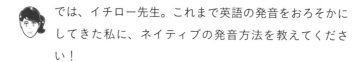

では、イチロー先生。これまで英語の発音をおろそかにしてきた私に、ネイティブの発音方法を教えてください!

ユミさん、お任せください! これから「正しいアルファベットの発音方法」をお話ししたいと思います。

発音方法って、口の中のイラストがあったり、発音記号があったりで、ちょっと難しそうです……。

ご安心ください! 私の授業では「口のイラスト」も「発音記号」も一切使いません。

えっ? イラストも発音記号もいらないんですか?

イラストなどを使えば、確かに音を出す際にイメージがしやすいと思います。ただ、日本人の学習者の方にこの

ような教え方をすると、口の形ばかりを気にして、音を出すのを忘れてしまいがちになるんです（笑）

 あはは（笑）　日本人って、形から入るのが好きですからね。

 またサッカーの例になりますが、大切なのはフォームよりも、「実際にサッカーボールを思ったところに飛ばせるか」です。蹴ってみて練習し、思い通りに飛ばせる頃には、正しいフォームが身についています。
発音も、思った通りの音を出すことが重要です。聞こえた音を出そうと練習しているうちに、自然と「正しい口の形」ができるようになります。
子どもが日本語を話せるようになるときも、口の形は教わりません。お母さんの口調をマネしながら、経験的に自分で発音を学んでいきますよね。その過程とまったく変わりません。

 なるほど。まずは音を聞いて、実際に「自分で聞こえた音を出してみる」ことが大切なんですね。

 その通りです。発音の練習をする際には「音声をしっかり聞いて、同じような音が出ているか」に集中してみてください。

 イチロー先生も、そういうふうに自分で勉強したんですか？

もちろんです。映画の俳優の発する音を何度も聞いて、同じような音が出ているかを何度も確認し、繰り返しながら練習しました。

「アルファベット」自体が「発音記号」だと考える

発音記号も、あまり意識しなくていいんですか？

発音記号も覚える必要はありません。
そもそも、アルファベット自体に「決められた音」があるため、それを学べば入門編はクリアできます。

「アルファベットの音」を覚えておけば、ひとまずOKなんですね！

発音記号は、上級者の方で「より正確な発音を分析したい」と思ったときに活用するものだと考えてください。英語を話せるようになることと、発音記号の勉強は別物です。

発音記号って、ちょっと苦手意識があったので安心しました……。

そうですよね。初心者の方にとっては、アルファベットの他にも別の文字を覚えるというのはハードルが高いですよね。まずは、一つひとつのアルファベットの音に集中する方が近道だと思います。

「子音だけの発音」ができないと「カタカナ英語」になる

日本語と英語の発音の決定的な違い

 アルファベットの発音方法を紹介する前に、まず意識していただきたいのが「母音を抜いて発音する」ことです。

 母音を抜いて発音する……？

 母音というのは、日本語でいうところの「アイウエオ」にあたる音です。子音は、それ以外の音です。
日本語の場合、子音に、「アイウエオ」という母音を足すことで「カキクケコ」などの他の音がつくられています。アルファベット表記にしてみると、このような感じですね。

A I U E O
KA KI KU KE KO　（Kに母音を足す）
SA SI SU SE SO　（Sに母音を足す）
TA TI TU TE TO　（Tに母音を足す）
……

これを見てもわかるように、日本語では「子音＋母音」がセットになっている、という特徴があります。

 わかりやすいですよね。

 これに対して、英語の場合は「子音と母音」がセットになっていない、という特徴があります。

 セットになっていない？

 「bird（バード、鳥）」という単語で、英語の発音と日本語のカタカナ読みの発音を比べてみましょう。この単語を「母音」「子音」という観点から見ると、このようになります。

●英語（BIRD）の発音

B	I	R	D
子音	母音	子音	子音

●日本語（バード）の発音

BA	A	DO
子音＆母音	母音	子音＆母音

 ユミさん、英語読みと日本語読みで、それぞれ母音と子音が何個あるでしょうか？

えーっと……。

・英語読み　母音1個（I）　子音3個（B, R, D）
・日本語読み　母音3個（A, A, O）　子音2個（B, D）

になっていますね！

英語と日本語で違う
子音と母音の関係

 注目していただきたいのが、日本語の場合、「バ（BA）」や「ド（DO）」など、常に「母音のみ」か「子音＆母音」がセットになっている点です（「ン」は例外）。

 そうですね……！

 日本語読みの「バード」の母音が3つだったのに対し、「bird」の母音は1つしかありません。母音より子音の数の方が多くなっています。

 では、英語ではどうやって発音しているんですか？

 ここに、英語と日本語の大きな違いがあります。
日本語の場合、「子音は母音と一緒に発音する」のが普

067

通ですが、英語の場合は「子音は、母音がなくても発音
する」という特徴があります。

「b」の発音は「ブ」ではない

 母音がなくても、子音を発音する……。

 「bird」の例で見てみると、例えば「b」の音は、唇を弾
いたような破裂音です。

 「ブ」という感じの音ですよね。

 そう、みなさん、「b」の音が「ブ」だと思われています。
実は、まさしくそれが「カタカナ発音の落とし穴」なん
です。

 えっ？　何がダメなんですか？

 「b」を「ブ」と発音してしまうと、発音表記としては「BU」
となりますよね。
つまり、「ブ」だと思った時点で母音が入ってしまい、「b」
とは別の音になってしまうのです。

「b」の音を「ブ」と言った時点で、母音が入ってしまう……。これは、目からウロコですね！

「Rの発音はr」とお話ししたように、やはり「Bの発音」は「b」という音なんです。

日本語を話す私たちは「子音は母音と一緒に発音するもの」だと思っているので、どうしてもここが難しいんです。日本人が英語の発音をゼロから学び直すために、絶対に知っておかなくてはいけないことは、

> # 英語の子音は、
> # 母音がなくても発音する

ということなんです。

そうだったんですね……。だから「RED」を「レッド」と言っても伝わらないんですね……。

逆に、「RED」の発音が「レッド」だと思っているので、リスニングできない、というわけなんです。

一撃で発音が上達する「アルファベット」の発音法

各アルファベットには複数の読み方がある

 ちょっと前置きが長くなりましたが、さっそくアルファベットの発音を始めてみましょう!

 はい! ではイチロー先生、私の発音をネイティブ並みにしてください!

 ではまず、母音から説明していきますね。

 母音が先なんですね。日本語では「アイウエオ」ですよね。

 そうですね。日本語の場合は「アイウエオ」が基本で5種類ですが、英語の場合、アルファベットの「aeiouy」が主な母音にあたります。

 英語だと、母音は6個なんですね〜。

 本当はまだありますが、入門編としてはこの6個で十分でしょう。ここで気をつけていただきたいのが、これら

のアルファベットには、**それぞれ数通りの発音の仕方が**
あるということです。

数通りの発音の仕方？　どういうことですか？

例えば、下記の6つの単語に含まれる「A/a」は、それぞ
れ異なる発音をします。
この本では発音記号を教えないと言いましたが、ここで
あえて発音記号（アメリカ英語）を載せてみましょう。

apple（リンゴ）/ǽpl

father（父）/fɑ́ːðər

zebra（シマウマ）/zíːbrə

football（アメフト、サッカー）/fútbɔ̀ːl

cable（ケーブル）/kéɪbl

air（空気）/éər

上の6つの英単語に含まれる「A/a」は発音記号の通り、
全て異なる発音をします。

発音記号だと複雑で難しいですね……。

そうでしょう？　私自身は発音記号をしっかり勉強しな
くても英語を話せるようになりました。また、私はこれ
まで多くのネイティブや英語話者に発音記号について質
問してきましたが、正確に理解している人はいませんで
した。

それだけ専門的な勉強なんですね。

 そうなんです。発音記号を学んで探求することはもちろん悪いことではありません。しかし、英語を最速で話せるようになるためには必須項目ではありません。特に初心者の頃はあまり深く考えず、シンプルに聞いた音をマネして身体に覚えさせることが重要です。

 同じアルファベットに、何個も読み方があるんですね……。漢字の「音読み、訓読み」みたいですね。

 そのようなイメージですね。より厳密には母音の発音の数は多数に及び、定義も広く確定できないのですが、初心者の方は10通りくらいをマスターできれば、グッと発音が上達すると思います。

 10通りをちゃんと覚えられるでしょうか……。

 頭で覚えようとするのではなく、反復練習して身体で覚えるのが重要です。
本書では、みなさんがイメージしやすいように、母音の音のイメージと、その音で発音する単語を一緒に紹介します。音声と一緒に、何度も練習してみてください。では、始めていきましょう！

一撃で上達する「母音」①
「A/a」の発音法

5通りの「A/a」の音を
覚えよう

Ch2

イチロー先生が
動画で解説！

 では、はじめに「A/a」から紹介していきます。「A」は、日本語の「ア」の音に近い発音の他に、「エ」や「オ」との中間の音でも発音されます。

 これは、学校でも少しだけ習った記憶があります！

 また、単語によって、アルファベット名の「エイ」に近い発音をすることもあります。
以下のAで始まる単語を動画で音声と一緒に練習してみましょう。

◉「A/a」の発音が練習できる単語例

①apple（リンゴ）/answer（答え）「ア〜エ」の中間の音
②America（アメリカ）/agree（同意する）　「ア」に近い音
③any（どれか）　　　　　　　　「エ」に近い音
④also（〜もまた）/almond（アーモンド）「ア〜オ」の中間の音
⑤ate（食べた）　　　　　　　　「エイ」の音

前に挙げたように、正確に分類すれば、Aの発音はもっとあります。

「almond」と「also」のaはカタカナで例えるならどちらも「ア〜オ」の中間の発音ですが、発音記号で示す音は異なります。

え〜っ、細かく覚えなくていいんですか？

このことを発音記号で学ぶのではなく、実際に聞きわけて、自分がその音を区別して再現できるようになるのがベストです。

最初は "ある程度" 正確に音をマネできるようになれば十分です。

わかりました！　できるところから頑張ります。

後の章でも言及しますが、世界の「英語」話者も国によって発音は異なるんですよ。複雑になり、初心者に難しく感じさせてしまうのを避けるため、ここでは超基本的なものをピックアップし、簡略化して説明していきます。

頭で理解しようとするとややこしくなってしまうから、まずは「音マネ」ですね。

どんどん声に出して練習します！

一撃で上達する「母音」②「E/e」の発音法

「E/e」は「エ」と「イ」の2通り

Ch2

イチロー先生が
動画で解説！

 「E/e」は、「イー」という名前とは違い、日本語の「エ」に近い音と、「イ」に近い音の2パターンがあります。

 E/eの発音は、日本語に近くて発音しやすいですね！

 「イ」に近い発音は、アルファベットの名称の「イー」の音と捉えることができます。

以下の単語を動画と一緒に練習してみましょう。

● 「E/e」の発音が練習できる単語例

　①end（終わり）/empty（空っぽ）　　「エ」に近い音
　②evening（夕方）　　　　　　　　　「イ」に近い音

一撃で上達する「母音」③ 「I/i」の発音法

「I/i」は「イ」と「アイ」の 2通り

イチロー先生が
動画で解説！

 「I/i」も「E/e」と同じく、「イ」に近い音と、アルファベット名の「アイ」の音の2パターンがあります。

 E/eの場合に似ていますね。

 どちらも日本語の音に近い音なので、発音しやすいと思います。

以下の単語を動画と一緒に練習してみましょう。

◉「I/i」の発音が練習できる単語例
　① ink(インク)　「イ」に近い音
　② ice(氷)　　　　「アイ」の音

一撃で上達する「母音」④「O/o」の発音法

「O/o」は「オ」とは少し違う音

イチロー先生が
動画で解説！

Ch2

 「O/o」は、基本的には「ア」と「オ」の中間くらいのイメージの音です。

 「オ」とは違うんですね。

 「October（10月）」を「オクトーバー」と発音する人がいますが、どちらかと言えばアメリカ英語では「アクトーバー」くらいの音です。また「オ」ではなく、アルファベット名の「オウ」に近い発音をする場合などもあります。

◉「O/o」の発音が練習できる単語例

①octopus（タコ）/October（10月）　　「ア〜オ」の中間の音
②open（開いている）　　　　　　　　「オウ」の音

一撃で上達する「母音」⑤ 「U/u」の発音法

「U/u」は「ア」に近い音

イチロー先生が
動画で解説！

 「U/u」は、「ア」に近い発音の場合と、アルファベット名の「ユー」に近い発音をする場合の2パターンがメインです。

 「ウ」ではないんですねー。

 そうですね。例えば、日本語でも「under」を「アンダー」、「university」を「ユニバーシティ」と表記しますよね。これに近いイメージを持つと覚えやすいと思います。

 言われてみると「ウンダー」とは言わないですね（笑）

●「U/u」の発音が練習できる単語例

①upset（動揺している）/under（下）　「ア」に近い音
②united（結束した）/university（大学）「ユ」に近い音

一撃で上達する「母音」⑥ 「Y/y」の発音法

「Y/y」は母音と子音が 存在する

イチロー先生が 動画で解説！

Ch2

 母音の最後は「Y/y」です。この音は、母音で発音する場合と、子音で発音する場合があります。

 両方あるんですか？　特殊ですね！

 はい。yesやyouのように、「Y/y」が単語の頭文字にある場合は子音で発音し、それ以外のときは母音として発音します。

 使い方が分かれているんですね。

 そうなんです。母音の場合は、「アイ」のような発音をする場合か、「イ」と発音するパターンがあります。

◎「Y/y」の母音で発音する単語例
①my(私の)/sky(空)/spy(スパイ)　　　　「アイ」の音
②gym(体育館)/candy(飴)/city(都市)　　　「イ」の音

 ちなみに、子音で発音する場合は、yam(ヤムイモ)、you(あなた)、yacht(ヨット)のように、「ヤ・ユ・ヨ」から母音を抜いたような音になります。

一撃で上達する「母音」⑦ 「連続する母音」の発音法

重なった母音の音のパターン

イチロー先生が
動画で解説!

 英語の母音は、ここまで紹介した「基本の6個」のアルファベットが表す音の他にもまだまだありますが、「連続する母音」のパターンも覚えておきましょう。

 連続する母音とは?

 母音と母音が重なることで、さらに異なる母音のような発音になる場合です。単語を音読しながら練習してみましょう。

◉「連続する母音」の発音が練習できる単語例

①-1 oo「ウー」→ pool(プール)/cool(イケてる)/zoo(動物園)
①-2 oo「ウ」　→ book(本)/good(良い)/look(見る)
②-1 ou「アウ」→ out(外)/about(〜について)/house(家)
②-2 ou「ウー」→ you(あなた)/soup(スープ)/souvenir(お土産)
③ oi 「オイ」　→ oil(油)/boil(わかす)/coin(コイン)
④ oy 「オーイ」→ boy(男の子)/enjoy(楽しむ)/toy(おもちゃ)
⑤ au「ア〜オ」の中間の音 → August(8月)/because(なぜなら)
⑥ ey「イー」　→ key(鍵)/money(お金)/journey(旅)
⑦ ay「エイ」　→ say(言う)/day(日)/stay(滞在する)
⑧ ea「イー」　→ team(チーム)/tea(お茶)/beach(浜辺)
⑨ oe「オウ」　→ toe(爪先)
⑩ oa「オウ」　→ toast(トースト)/coach(指導員)/goal(目標)

Chapter 3

イチロー式　一撃英語メソッド③

——

英語が一撃で話せるようになる「子音の発音」集中講義

一撃で上達する「子音」の練習法

子音の発音は「DJ」のイメージ!?

 ユミさん、母音をひと通り練習してみて、いかがですか？

 英語の母音って、こんなに種類があるんですね！　日本語だと5種類ではっきりとわかれていますが、英語は「ア〜オの中間の音」など、微妙な音もあって複雑なんですね……。

 この「中間の音」などを意識せずに話してしまうと、どうしてもカタカナ英語になってしまうのです。

 母音の練習をしてみて、それはよくわかりました！　でも、同じアルファベットでも複数の音があって、知らない単語が出てきたときに正しく発音するのが難しいのかな、と思いました。

 いろいろな単語や文を聞いて経験を積めば、パターンがわかってくると思います。

そのためには、子音の発音を覚えておく必要があります。
ここからは、「英語の子音」の練習をしていきましょう！

 発音の練習で、気をつけた方がいいことは何かあります
か？

 日本人の学習者の方がカタカナ英語になりがちな最大の
原因は、「子音によけいな母音を入れてしまう」ことに
あります。

 例えば、「b」を「ブ (bu)」と発音してしまうことですね。

 その通りです。子音というのは、日本語の感覚から言え
ば「五十音になる前の音」です。
イメージとしては、口を楽器のように使って、ドラムや
ベースなどの音を出すような感覚ですね。

 楽器のように使う感覚ですか。何だか難しそうな……。

 まずは、音声をしっかり聞いて、その通りの音を出すよ
うにチャレンジすることが大切です。

 子音単体を聞いて練習するのがいいんですね。

 基本的にはそれが一番だと思います。
ただ、やはりイメージがしにくいと言う方も多いと思い
ますので、子音一つひとつの音を確認した後、それぞれ
の子音を母音のような発音に重ねて音を出す練習を紹介
します。

 母音と一緒にですか？

 子音の音を練習した後で、母音と組み合わせる練習をし
ます。こうすることで、各子音の音と、母音を加えた場

合の音を明確に覚えることができます。

 これをやれば、私もカタカナ英語を脱却できるんですね！ 頑張ります！

 一緒に頑張りましょう！

まずは、

> ## ①「子音だけの音」を出す

ことを練習して、その後に、

> ## ②「あいうえお」ではなく、
> ## 「英語の母音」に重ねて発音する

ことを意識してくださいね。
では、「一撃で上達する、英語の子音」の練習を始めましょう！

一撃で上達する「子音」①
「B/b」の発音法

「B/b」は、唇で出す
破裂音

イチロー先生が
動画で解説！

 では、最初は「B/b」の音から始めます。

 「バビブベボ」的な音で、いいんですよね……？

 動画で音声を聞きながら、繰り返し練習してみてください。本書では、みなさんがイメージしやすいように、子音＋「アイウエオ」に近いイメージの母音という形で、単語の例を出しながら説明します。

◉「B/b」と母音を組み合わせた音の練習

①basketball（バスケットボール）　B＋「ア〜エ」の中間の音
②but（でも）/bump（ぶつける）　　B＋「ア」の音
③because（なぜなら）/behind（後ろに）　B＋「イ」の音
④-1 boots（ブーツ）　　　　　　　B＋「ウー」の音
④-2 book（本）　　　　　　　　　　B＋「ウ」の音
⑤best（最高）/belt（ベルト）　　B＋「エ」の音
⑥bow（弓）　　　　　　　　　　　B＋「アウ」の音
⑦ball（ボール）/bald（頭のはげた）　B＋「ア〜オ」の中間の音
⑧baby（赤ちゃん）/baseball（野球）　B＋「エイ」の音

イチロー先生、前章の「母音の講義」のときはよかった んですけど、子音の「B＋『ア〜オ』の中間の音」という 説明だと、ちょっと難しく感じます。

 まだ、この説明の仕方に慣れていないせいだと思います よ！

これは私がこれまで実際に生徒さんに行って効果を生み 出した指導法です。

例えば、「B＋『ア〜オ』の中間の音」という説明は、「カ タカナの『バ』のような音」と書くこともできます。でも、 それだとどうしても日本語の「バ」を想像して発音して しまう危険性があります。

 たしかに、それだとこれまでのカタカナ英語から進歩が ないですね……。

 その通り。だから、あえて今回のような「B＋母音」と 表す説明にして「どんな音になるかイメージして発音し てみる」というステップを踏んでもらいたかったのです。 ネイティブも初めて見る単語を発音する時には、スペル を見ながらどんな音になるのか想像しますよ。

一撃で上達する「子音」②「C/c」の発音法

Ch3

イチロー先生が
動画で解説!

「C/c」は、「カ行」の発音イメージ

次は「C/c」ですね。

「シー」だとカタカナ発音になっちゃいますよね?

Cは「カ行」に近い音を指します。イメージとしては、「ク」を出す前の音ですね。よく聞けば「カ行」の母音を抜いた音だとすぐわかるので、マネしやすい子音だと思います。

● 「C/c」と母音を組み合わせた音の練習

①<u>c</u>an(できる)/<u>c</u>andle(ロウソク)　C+「ア〜エ」の中間の音

②<u>c</u>ome(来る)/<u>c</u>ustomer(顧客)　C+「ア」の音

③<u>c</u>ould(canの過去形)　　　　　C+「ウ」の音

④<u>c</u>ucumber(きゅうり)/<u>c</u>ute(魅惑的な)　C+「ユウ」の音

⑤<u>c</u>ake(ケーキ)/<u>c</u>ame(来た)　　C+「エイ」の音

⑥<u>c</u>innamon(シナモン)　　　　　S+「イ」の音

⑦<u>c</u>enter(中心)　　　　　　　　S+「エ」の音

Cは「e/i/y」の前に位置するとき、後述のSと同じ発音になります。その他の場合はKと同じ発音です。

 表記はCなのに発音はSやKと同じだなんて、やっぱりちょっと難しい……。でも、たくさん声に出して覚えます！

一撃で上達する「子音」③ 「D/d」の発音法

「D/d」は、舌を弾いて出す音

イチロー先生が
動画で解説！

 「D/d」は、口の中で、舌を上顎につけて弾いて出す音です。

 「ダヂヅデド」から母音を引く感じですか？

 そうですね。もっと正確には「ダディドゥデド」から母音を抜いて、英語の母音で発音をし直すイメージでチャレンジしてみてください。

● 「D/d」と母音を組み合わせた音の練習

①dad(お父さん)　　　　　　　　D＋「ア〜エ」の中間の音
②dust(ちり)/duck(あひる)　　　D＋「ア」の音
③December(12月)/discuss(話し合う)　D＋「イ」の音
④do(する)/duty(義務)　　　　　D＋「ウ」の音
⑤dentist(歯科医)/desk(机)　　　D＋「エ」の音
⑥door(ドア)　　　　　　　　　D＋「オー」の音
⑦doctor(医者)　　　　　　　　D＋「ア〜オ」の中間の音
⑧date(デート)　　　　　　　　D＋「エイ」の音
⑨deal(取引する)　　　　　　　D＋「イー」の音

一撃で上達する「子音」④ 「F/f」の発音法

Ch3

「F/f」は、唇で出す
軽い音

イチロー先生が
動画で解説！

 「F/f」は、やはりカタカナの「フ」と言ってしまいやすい
音です。実際は、歯を下唇に軽く触れて息を吐く音を指
します。

 空気が歯と下唇のすき間から出る音、という印象ですね。

 そうですね。やはり「Fの音はf」なのです。

 だんだん、日本語との違いがわかってきました！

 「母音を抜いてもしっかり発音する」ことを心がければ、
すぐにネイティブ発音に近づくことができますよ！

●「F/f」と母音を組み合わせた音の練習

　①fantasy(ファンタジー)/family(家族)　F＋「ア〜エ」の中間の音

　②funny(面白い)/fuss(口論)　　　　　F＋「ア」の音

　③fear(恐れ)　　　　　　　　　　　　「f」＋「イ」の音

091

④<u>fish</u>（魚）/<u>finger</u>（指）　　　　F＋「イ」の音

⑤<u>future</u>（未来）/<u>few</u>（少し）　　　F＋「ユウ」の音

⑥<u>fence</u>（フェンス）　　　　　　　F＋「エ」の音

⑦<u>fold</u>（折る）　　　　　　　　　　F＋「オウ」の音

⑧<u>follow</u>（ついていく）/<u>fall</u>（落ちる）　F＋「ア〜オ」の中間の音

⑨<u>face</u>（顔）/<u>famous</u>（有名な）　　F＋「エイ」の音

⑩<u>feet</u>（足）　　　　　　　　　　　F＋「イー」の音

一撃で上達する「子音」⑤ 「G/g」の発音法

Ch3

「G/g」は、 口の奥で濁らせる音

イチロー先生が 動画で解説！

 「G/g」は、舌の後ろ側を上顎につけて出す時の音で、「グ」から母音を抜いた「g」という音です。

 どうしても「グ（gu）」と言ってしまいたくなるんですよね（笑）

 「グ」に近いのは「good」など「oo（ウ）」の母音をともなったときですね。「d」に母音を足して「グッド」とならないように注意しましょう。また、「i/y/e」と隣あうときは、「ジ」から母音を抜いた音で発音することがあります。つまり、Jの発音になるのです。

◉「G/g」と母音を組み合わせた音の練習

①**gas**(ガス)/**gamble**(ギャンブル)　G＋「ア〜エ」の中間の音
②**gum**(歯茎)/**government**(政府)　G＋「ア」の音
③**give**(あげる)/**gift**(贈り物)　　　G＋「イ」の音
④**good**(良い)　　　　　　　　　　　G＋「ウ」の音

⑤<u>ge</u>t（得る）　　　　　　　G＋「エ」の音

⑥<u>go</u>al（ゴール）/<u>go</u>ld（金）　　G＋「オウ」の音

⑦<u>ga</u>me（ゲーム）/<u>ga</u>in（増す）　G＋「エイ」の音

⑧<u>go</u>d（神）　　　　　　　　　G＋「ア〜オ」の中間の音

⑨<u>gi</u>nger（生姜）/<u>gy</u>m（ジム）　J＋「イ」の音

⑩<u>ge</u>sture（身ぶり、手ぶり）/<u>ge</u>ntle（優しい）　J＋「エ」の音

⑪<u>gi</u>ant（巨人）　　　　　　　J＋「アイ」の音

一撃で上達する「子音」⑥ 「H/h」の発音法

Ch3

「H/h」は、呼気で出す 摩擦音

 イチロー先生が 動画で解説！

 「H/h」は、舌の後ろ側を少しだけ開けて出す音で、「ハ行」 の母音を抜いたイメージで発音します。

 「ハ」になりきらない音ですね。

 「ハ」に近い音は「hut」などの「u（アの発音）」の母音を ともなう音です。「a」は「ア〜エ」の中間の音なので「hat」 を「ハ」と発音しないように気をつけましょう。

● 「H/h」と母音を組み合わせた音の練習

①hamburger(ハンバーガー)/hat(帽子)　H＋「ア〜エ」の中間の音

②hut(小屋)/hungry(お腹が空いた)　H＋「ア」の音

③hear(聞く)/here(ここに)　　　　　H＋「イ」の音

④hood(ずきん)　　　　　　　　　　H＋「ウ」の音

⑤help(助け)/head(頭)　　　　　　　H＋「エ」の音

⑥hold(つかむ)　　　　　　　　　　H＋「オウ」の音

⑦human(人間)　　　　　　　　　　H＋「ユウ」の音

⑧hall(ホール)/hot(熱い)　　　　　 H＋「ア〜オ」の中間の音

⑨**hate**（嫌う）　　　　　　　H＋「エイ」の音
⑩**heat**（熱）　　　　　　　　H＋「イー」の音

「hat/hut/hot」の音の違い、苦手です〜。

ユミさんだけでなく、多くの日本人が苦手とするところだと思いますが、英語ではこれらの音は異なります。「H」に続く母音の「a/u/o」の音の違いを明確に区別して理解できれば、違いがハッキリするはずです。
前章の「母音の講義」も振り返りつつ、学んでいきましょう。

一撃で上達する「子音」⑦
「J/j」の発音法

Ch3

「J/j」は、
「物が焼ける音」のイメージ

イチロー先生が
動画で解説！

 「J/j」は、「ジュ〜」と物が焼けるような効果音に近い音ですね。イメージしながら音マネしてみて下さい！

 「ジュ〜ッ」って焼ける音の感じですね。

 「ジュ」の場合だと、「juice」の「jui」の音が近いですね。日本語のイメージと近く、発音しやすい音だと思います。

◉「J/j」と母音を組み合わせた音の練習

①Japanese（日本人）　　　　　　J＋「ア〜エ」の中間の音
②Japan（日本）/just（ちょうど）　J＋「ア」の音
③Jeep（ジープ）　　　　　　　　J＋「イー」の音
④juice（ジュース）　　　　　　　J＋「ウー」の音
⑤jet（噴射）　　　　　　　　　　J＋「エ」の音
⑥jolly（楽しい）　　　　　　　　J＋「ア〜オ」の中間の音

一撃で上達する「子音」⑧ 「K/k」の発音法

Ch3

「K/k」は、「C/c」の発音と同じ

イチロー先生が
動画で解説！

 「K/k」は、「C/c」と同じ発音です。「カ行」から母音を抜いたイメージで発音するように意識してください。

 「C/c」と同じ音なのに、アルファベットは違っているんですね。

 通常、CにはAOUの母音が続き、KにはEIの母音が続きます。なので、音は同じでもCとKでは後に続く母音が異なります。

「kit」など、カタカナ英語と似ているので、発音しやすい子音ですね。

ただし、「knife」や「know」など、先頭の「K/k」を発音しない単語もあるので注意しましょう。

● 「K/k」と母音を組み合わせた音の練習

①**key**（鍵）　　　　　K＋「イー」の音
②**kit**（道具一式）　　K＋「イ」の音
③**kettle**（やかん）　K＋「エ」の音
④**kind**（親切な）　　K＋「アイ」の音

一撃で上達する「子音」⑨ 「L/l」の発音法

Ch3

「L/l」は軽い音、
「R/r」は重い音

イチロー先生が
動画で解説！

「L/l」は、日本では「R/r」と混同されやすい音です。「L/l」の発音は、舌を上顎の前の方に少し当てて出す軽い音です。

私、この「LとR問題」が本当にダメです……。

どちらも日本語にない音なので、カタカナで表記する際に「light」も「right」も「ライト」とするしかありません。発音をしっかり聞くと、明らかに違う音だとわかると思います。

● 「L/l」と母音を組み合わせた音の練習

①land（陸）　　　　　　　　　L＋「ア〜エ」の中間の音
②lollipop（棒についたキャンディ）　L＋「ア〜オ」の中間の音
③lean（寄りかかる）　　　　　　L＋「イー」の音
④listen（聴く）　　　　　　　　L＋「イ」の音
⑤look（見る）　　　　　　　　L＋「ウ」の音
⑥leg（脚）　　　　　　　　　　L＋「エ」の音
⑦lonely（孤独）　　　　　　　L＋「オウ」の音

⑧ law（法律）　　　　　　　　L＋「ア〜オ」の中間の音

⑨ low（低い）　　　　　　　　L＋「オウ」の音

⑩ loud（音が大きい）　　　　　L＋「アウ」の音

一撃で上達する「子音」⑩ 「M/m」の発音法

Ch3

「M/m」は 「マ行」より強く唇を弾く

イチロー先生が
動画で解説！

 「M/m」は、口をすぼめて弾いて出す音です。日本語の中では「マ行」から母音を抜いた音に近いです。

 これも、母音をしっかり英語に直せば大丈夫そうですね。

 注意点としては、例えば「moon」を発音するときも、カタカナの「ムーン」ではなく、しっかりと唇をすぼめて強く弾くこと。しっかりと「M/m」の音を入れることで、よりネイティブの発音に近づけることができます。

● 「M/m」と母音を組み合わせた音の練習

①mad（気の狂った）　　　　　M+「ア〜エ」の中間の音
②mud（泥）/money（お金）　　M+「ア」の音
③mean（意味する）/meet（会う）　M+「イー」の音
④moon（月）/mood（雰囲気）　M+「ウー」の音
⑤met（会った）　　　　　　　M+「エ」の音
⑥moral（道徳）　　　　　　　M+「オ」の音
⑦moment（瞬間）/most（最も）　M+「オウ」の音

⑧<u>mo</u>m（お母さん）　　　　　M＋「ア〜オ」の中間の音

⑨<u>mu</u>te（無音の）　　　　　　M＋「ユウ」の発音

一撃で上達する「子音」⑪「N/n」の発音法

Ch3

「N/n」は小さく「ン」が入る

イチロー先生が
動画で解説！

 「N/n」は、「ヌ」の母音を抜いたときのような発音の仕方で音を出します。

 ……。何だか難しいです……。

 カタカナの「ン」に近い音ですね。わかりやすい例で、「no」の場合、「ノー」よりも「ンノゥ」と、小さく「ン」が入るイメージです。これを意識するだけでカッコよくなりますよ。

◉「N/n」と母音を組み合わせた音の練習

①**national**（国民の）　　　　　　　N＋「ア〜エ」の中間の音
②**nuts**（バカげた）　　　　　　　　N＋「ア」の音
③**need**（必要）　　　　　　　　　　N＋「イー」の音
④**new**（新しい）/**nuclear**（原子核の）　N＋「ユウ」の音
⑤**nest**（巣）/**next**（次の）　　　　　N＋「エ」の音
⑥**notice**（通知）　　　　　　　　　N＋「オウ」の音
⑦**not**（〜でない）　　　　　　　　　N＋「ア〜オ」の中間の音
⑧**nice**（見事な）/**night**（夜）　　　N＋「アイ」の音
⑨**now**（今）　　　　　　　　　　　N＋「アウ」の音

一撃で上達する「子音」⑫ 「P/p」の発音法

「P/p」は上下の唇を 一気に離して出す無声音

イチロー先生が
動画で解説！

「P/p」は、「B/b」のように唇で出す破裂音です。

「B/b」とはどう違うんですか？

「B/b」は声に出す有声音ですが、「P/p」は声に出さない無声音で、喉が振動しません。母音の組み合わせで様々なバリエーションがあるので、音声をよく聞いて練習してみましょう。

● 「P/p」と母音を組み合わせた音の練習

①pants（ズボン） P＋「ア〜エ」の中間の音
②puppy（子犬） P＋「ア」の音
③peace（平和） P＋「イー」の音
④put（置く） P＋「ウ」の音
⑤pencil（えんぴつ） P＋「エ」の音
⑥post（郵便） P＋「オウ」の音
⑦puberty（思春期） P＋「ユウ」の音
⑧pay（支払う）/paint（ペンキ） P＋「エイ」の音
⑨popular（人気の） P＋「ア〜オ」の中間の音

一撃で上達する「子音」⑬ 「Q/q」の発音法

Ch3

「Q/q」は 「C/c」「K/k」と同じ音

イチロー先生が
動画で解説！

「Q/q」は、「C/c」や「K/k」などと同じ音です。

CやKとは何が違うんですか？

発音的な違いというよりは、外国語由来の言葉など、英単語のルーツの違いという意味合いの方が大きいです。ほとんどの場合で「u」との組み合わせで登場します。

じゃあ、音自体はCやKのように発音してOKなんですね。

そうですね。そのようにシンプルに考えて練習してよいと思います。

● 「Q/q」と母音を組み合わせた音の練習

question(質問)/queen(女王)/quiz(クイズ)　Q＋「ウ」の音

一撃で上達する「子音」⑭ 「R/r」の発音法

「R/r」は舌を奥に巻いて出す重い音

イチロー先生が
動画で解説！

 「R/r」は、「RED」の発音の際にもお話ししたように、舌を巻いた状態で出す「アー」と「ヴー」の中間のような音です。いずれにしても、カタカナでは表記不可能です。

 子音単体で聞いてみると、確かに「L/l」とはまったく違う音ですね。

 「L/l」が軽い音なのに対して、「R/r」は低く重い音です。「rrrr」で「動物の唸り声」の表記にもなるなど、日本語の「ラ」のイメージとも大きく違います。動画を視聴して繰り返し確認してみましょう。

● 「R/r」と母音を組み合わせた音の練習

①<u>r</u>andom（ランダムな）　R＋「ア〜エ」の中間の音
②<u>r</u>emember（思い出す）　R＋「イ」の音
③<u>r</u>ich（豊かな）　R＋「イ」の音
④<u>r</u>ule（ルール）　R＋「ウー」の音

⑤ <u>restaurant</u>（レストラン）　R＋「エ」の音

⑥ <u>roll</u>（転がる）　　　　　　R＋「オウ」の音

⑦ <u>rock</u>（岩）　　　　　　　　R＋「ア〜オ」の中間の音

 この「R/r」と「L/l」の違いをしっかり発音できるように
なったら、ぐっとネイティブに近づける気がします！

一撃で上達する「子音」⑮ 「S/s」の発音法

「S/s」は前歯を合わせ、少し口をあけて出す無声音

イチロー先生が
動画で解説！

 「S/s」は、サ行の子音を出す直前の口の形で、軽く息を吐いて出す音です。軽い音なので、「ス (su)」と母音まで発音しないように注意が必要です。

 声は出さず、スーって息が通り抜けていく感じですね。

● 「S/s」と母音を組み合わせた音の練習

①sad（悲しい）　　　　　S+「ア〜エ」の中間の音
②sunny（晴れた）　　　　S+「ア」の音
③see（見る）　　　　　　S+「イー」の音
④super（すごい）　　　　S+「ウー」の音
⑤send（送る）　　　　　S+「エ」の音
⑥society（社会）　　　　S+「オ」の音
⑦song（歌）　　　　　　S+「ア〜オ」の中間の音
⑧say（言う）/same（同じ）S+「エイ」の音
⑨side（側面）　　　　　　S+「アイ」の音
⑩social（社会の）　　　　S+「オウ」の音

一撃で上達する「子音」⑯ 「T/t」の発音法

Ch3

「T/t」は舌先で上前歯の 付け根を弾いて出す無声音

イチロー先生が 動画で解説！

 ここまで来ればおわかりかと思いますが、「T/t」は「夕行」から母音を抜いた音です。舌先を上前歯の付け根に軽くつけて弾くように音を出します。

 あとは、英語の母音で発音すればいいわけですね。

 基本的にはそういうイメージです。ただ、Tの音には特殊なルールがあるので、後ほど詳しく解説しますね。

◉「T/t」と母音を組み合わせた音の練習

①tap(蛇口)/talent(才能)　　　T+「ア〜エ」の中間の音
②touch(触る)　　　　　　　　 T+「ア」の音
③team(チーム)　　　　　　　　T+「イー」の音
④to(〜へ)　　　　　　　　　　T+「ウー」の音
⑤test(テスト)/temple(寺)　　 T+「エ」の音
⑥toe(爪先)/toast(トースト)　　T+「オウ」の音
⑦table(テーブル)　　　　　　　T+「エイ」の音
⑧tiger(虎)　　　　　　　　　　T+「アイ」の音
⑨tall(背の高い)　　　　　　　 T+「ア〜オ」の中間の音

一撃で上達する「子音」⑰ 「V/v」の発音法

「V/v」は、バイブレーション音

イチロー先生が
動画で解説！

「V/v」は、日本語的には「B/b」に近い音と判定されますね。「B/b」は単調な破裂音ですが、「V/v」は上の歯を下唇につけるかつけないか、というところで振動させて出す音です。

バイブレーションみたいな感じですね。

そうですね。そういえば、バイブレーション（vibration）は、「V/v」と「B/b」があるので、よい練習になりますね。

● 「V/v」と母音を組み合わせた音の練習

①vampire(吸血鬼)	V＋「ア〜エ」の中間の音
②vacation(休暇)	V＋「エイ」の音
③vegan(菜食主義者)	V＋「イー」の音
④view(眺め)	V＋「ユウ」の音
⑤voice(声)	V＋「オイ」の音
⑥vice(悪)/vitamin(ビタミン)	V＋「アイ」の音

⑦volunteer（ボランティア）　　V＋「ア〜オ」の中間の音

⑧visit（訪ねる）　　　　　　　V＋「イ」の音

⑨vote（投票）　　　　　　　　V＋「オウ」の中間の音

一撃で上達する「子音」⑱
「W/w」の発音法

Ch3

「W/w」は
「ウォ」から母音を抜いた音

イチロー先生が
動画で解説！

「W/w」は、口をすぼめて、ちょっと突き出して「う」と
「お」の中間の音を「出そうとする直前」くらいの音です。

「ウォ」みたいな感じですか。

そうですね。それをもっと短く、同時くらいのタイミン
グで母音を抜くと、「W/w」の音が完成します。

● 「W/w」と母音を組み合わせた音の練習

① <u>w</u>ow（ワオ）　　　　　　　　W＋「アウ」の音
② <u>w</u>onder（驚き）　　　　　　　W＋「ア」の音
③ <u>w</u>eek（週）　　　　　　　　　W＋「イー」の音
④ <u>w</u>ould（willの過去形）/ <u>w</u>ood（木材）　W＋「ウ」の音
⑤ <u>w</u>elcome（ようこそ）/ <u>W</u>ednesday（水曜日）　W＋「エ」の音
⑥ <u>w</u>oke（目が覚めた）　　　　　W＋「オウ」の音
⑦ <u>w</u>ar（戦争）　　　　　　　　W＋「オー」の音
⑧ <u>w</u>ish（望む）/ <u>w</u>in（勝つ）　　W＋「イ」の音

一撃で上達する「子音」⑲ 「X/x」の発音法

「X/x」は、
子音「C/c」「K/k」と
「S/s」が組み合わさった音

 イチロー先生が 動画で解説！

Ch3

 「X/x」は子音の中でも特殊な音で、「C/c」、「K/k」（「ク」を出す前の音）と「S/s」（ス(su)から母音を抜いた音）が組み合わさった「cs」という音です。

 特殊だけど、くっつければいいだけだから簡単かも！

 Xから始まる単語はほとんどありませんが、「six」や「fax」などの比較的身近な単語で登場しますね。

● 「X/x」の音の練習

box（箱）/six（6）/fax（ファックス） 「cs」の音

一撃で上達する「子音」⑳ 「Z/z」の発音法

「Z/z」は、「S/s」を 濁らせた音

イチロー先生が
動画で解説！

 「Z/z」は「S/s」を濁らせた音です。「S/s」の音を出す前に、喉をふるわせ声を出すと音が濁ります。

 「ズー」という感じですか？

 やはり、まず母音を抜くことを意識しましょう。「日本語を英語に変換する」のではなく、まったく新しい音を出すことを心がけるのがコツです。

●「Z/z」と母音を組み合わせた音の練習

①Zack(ザック、人名)　　　Z+「ア〜エ」の中間の音
②zombie(ゾンビ)　　　　　Z+「ア〜オ」の中間の音
③zebra(シマウマ)　　　　 Z+「イー」の音
④zipper(ファスナー)　　　 Z+「イ」の音
⑤zoo(動物園)　　　　　　Z+「ウー」の音
⑥zone(地域)　　　　　　 Z+「オウ」の音

一撃で上達する「連続した子音」①「sh」の発音法

「sh」は風切音

Ch3

イチロー先生が
動画で解説！

 ここからは、子音と子音の組み合わせで特殊な音になるものを紹介していきます。

いったい、どんな音になるんでしょう？

 最初は「sh」です。静かにしてほしくて「シー」というときの音に近いイメージです。もちろん母音を抜いて発音しますが、風を切っているような強い音を入れるように心がけてください。

◉「sh」の音の練習

①**she**（彼女）　　　　　Sh＋「イー」の音
②**shrimp**（えび）　　　「Sh」の音
③**shoot**（撃つ）　　　　Sh＋「ウー」の音
④**shut**（閉める）　　　 Sh＋「ア」の音

一撃で上達する「連続した子音」②「ch」の発音法

「ch」は「チ」に近い音

Ch3

イチロー先生が
動画で解説！

 次の「連続した子音」は、「ch」です。

 「ch」は、よく見かけるスペルですよね。

 例えば「chicken（チキン）」など、よく知られた単語でも使われています。このように、日本語で「チ」を当てられることが多いですが、ほぼ同じイメージで発音できます。

● 「ch」の音の練習
①China（中国）　　　Ch＋「アイ」の音
②cheese（チーズ）　　Ch＋「イー」の音
③choose（選ぶ）　　　Ch＋「ウー」の音
④chest（胸）　　　　　Ch＋「エ」の音
⑤chose（選んだ）　　　Ch＋「オウ」の音

一撃で上達する「連続した子音」③ 「ph」の発音法

「ph」は「f」に近い音

Ch3

**イチロー先生が
動画で解説！**

 次は、「ph」の発音です。「phone（電話）」や「photo（写真）」など、目にすることが多い組み合わせです。

 「phone（フォン）」や「photo（フォト）」なので、「フ」のような発音ですか？

 その通りで、基本的に「ph」は「f」と同じ音として発音します。

◉「ph」の音の練習

①**phone**（電話）　　　　　　Ph＋「オウ」の音
②**Philippines**（フィリピン）　Ph＋「イ」の音
③**pharmacy**（薬局）　　　　　Ph＋「ア」の音
④**phase**（段階）　　　　　　　Ph＋「エイ」の音

一撃で上達する「連続した子音」④ 「wh」の発音法

「wh」は「ヲ」から 母音を抜いた音かHの音

イチロー先生が
動画で解説！

 「wh」は、ご存知の通り「who」「what」「where」「when」「why」と、「5W1H」のWすべてで使われています。

 これらは「フ」か「ワ」「ウェ」のような発音ですよね。

 そうですね。日本人は「where」を「ホウェア」と捉えがちですが、実際の音は「ウェー」という感じです。
でも、「who」の「wh」はHの発音になるので、ちょっとややこしいですね。

● 「wh」の音の練習

①who（誰）　　　　　　　　　　H＋「ウー」の音
②what（何）　　　　　　　　　Wh＋「ア」の音
③where（どこ）/when（いつ）　Wh＋「エ」の音
④why（なぜ）　　　　　　　　 Wh＋「アイ」の音

一撃で上達する「連続した子音」⑤ 「クリアなth」の発音法

「th」は2通りの発音がある

イチロー先生が
動画で解説！

Ch3

次の「th」は特殊で、クリアな音の場合と、濁った音の場合があります。「thank」や「earth」などがクリアな音にあたります。

どのように発音するんですか？

クリアな「th」は、舌先を上の歯に軽くつけて息を吐いたときの音です。空気がすっと抜けていくイメージです。日本人は「クリアなth」を「S」と発音しがち。「S」と「th」の発音を区別できるだけで、話す英語が一撃でカッコよくなりますよ。

● 「クリアなth」の音の練習

　①**thank**（感謝する）　　Th＋「ア〜エ」の中間の音

　②**earth**（地球）/**three**（3）「th」の音

　③**thief**（どろぼう）　　Th＋「イー」の音

　④**thought**（考え）　　Th＋「オー」の音

一撃で上達する「連続した子音」⑥ 「濁ったth」の発音法

上下の前歯に舌先をつけて「濁ったth」を発音する

イチロー先生が
動画で解説！

 「クリアなth」の次は、「濁ったth」の音ですね。「the」や「this」「that」「they」など、初心者の方でも馴染みのある単語が多いですね。

 「クリアなth」との発音の違いはどこにありますか？

 「クリアなth」と違い、「濁ったth」の場合は、上下の前歯に舌先をつけて発音します。しっかり音を聞いて発音しましょう。

● 「濁ったth」の音の練習

①**this**（これ）　　　Th＋「イ」の音
②**that**（あれ）　　　Th＋「ア〜エ」の音
③**those**（あれら）　　Th＋「オウ」の音
④**these**（これら）　　Th＋「イー」の音
⑤**then**（その時）　　Th＋「エ」の音

一撃で上達する「連続した子音」⑦ 「ck」の発音法

「ck」は「K/k」の音と ほぼ同じ

Ch3

イチロー先生が
動画で解説！

「ck」は、主に単語の最後に位置することが多い組み合わせです。発音は「c」や「k」の音とほぼ同じで、比較的簡単に発音できると思います。

「k」の音なら簡単ですね。

ただし、「ck」で終わるということは、母音を発音しないということです。例えば「black」を「ブラック」と発音しないように、子音だけで発音することを心がけましょう。

● 「ck」の音の練習

black(黒)/ neck(首)/check(チェック)　「ck」の音

パソコンでキーボードを入力するとき、「kk」などと同じ文字を入力すると小さな「ッ」が入力されますよね。これと同じく、同じ音の「C」と「K」が連続しているので、「ck」は直前に小さな「ッ」が入ると思ってください。

121

一撃で上達する「連続した子音」⑧ 「ng」の発音法

「ng」は「ン」に近い音

イチロー先生が
動画で解説！

「ng」は、「ing」の形で、非常によく登場しますよね。日本では「イング形」のように言われていますが、ほぼ「ン」に近い発音です。

「g」は発音しないんですか？

「g」よりもはるかに小さい音になるので、「ン」を少し強めに残すようなイメージです。音をよく聞いてマネしてみてください。

● 「ng」の音の練習

spring（春）/**strong**（強い）/**song**（歌）　「ng」の音

一撃で上達する「連続した母音と子音」 「母音と子音で1つの音」の発音法

Ch3

母音と子音を 組み合わせた音

イチロー先生が 動画で解説！

 子音の組み合わせは、まだまだあるんですか？

 実は、ここまでで紹介したのは、頻出の基本的なもので す。

 やっぱり、たくさんあるんですね……。

 とはいっても、それらを使えば、ほとんどの発音に対応 できるはずです。

最後に、母音と子音の組み合わせで1つの音を出すもの を少し紹介します。

●母音と子音で1つの音を出す組み合わせ

<u>ar</u> … b<u>ar</u>(バー)/st<u>ar</u>(星)

<u>are</u> … r<u>are</u>(まれな)/c<u>are</u>(気にかける)

<u>ear</u> … h<u>ear</u>(聞く)/y<u>ear</u>(年)

<u>air</u> … h<u>air</u>(髪)/ f<u>air</u>(公平な)

<u>ure</u> … s<u>ure</u>(確信を持つ)/c<u>ure</u>(治す)

<u>or</u> … h<u>or</u>se(馬)

一撃で上達する「英語の発音」 フォニックスまとめ

フォニックスをマスターして ネイティブの発音を手に入れよう

 ユミさん、ここまで「アルファベットの発音」を紹介してきましたが、いかがですか？

 とても勉強になりました！　フォニックスの完全マスター目指して頑張ります。

 ここまでで紹介したのは、基本とはいえ「おさえておけば応用がきく」ような音ばかりです。

今回のレッスンでは紹介していないものもありますが、ざっとまとめると右ページの表のようになります。

動画で詳しく解説しますので、ぜひ合わせて学んでください！

イチロー版　フォニックス表

Ch3

イチロー先生が
動画で解説！

＜１文字で１つの音を出す＞

A Apple リンゴ	B Ball ボール	C Cat 猫	D Dog 犬	E Elephant ゾウ	F Fire 火	G God 神
H House 家	I Ink インク	J Japan 日本	K King 王様	L Lamp ランプ	M Mouth 口	N Nest 巣
O Octopus タコ	P Pool プール	Q Queen 女王	R River 川	S Snow 雪	T Train 電車	U Umbrella 傘
V Vest ベスト	W Wolf オオカミ	X Fox キツネ	Y Yellow 黄色	Z Zebra シマウマ		

＜２文字で１つの音を出す＞

OO Book 本	OO Boots ブーツ	TH Three 3	TH They 彼ら	PH Phone 電話
OY Boy 男の子	NG Ring 指輪	WH White 白	AR Artist 芸術家	AW Jaw あご
SH Shark サメ	UE Blue 青	AU August 8月	CH Cheese チーズ	OU Cloud 雲
CK Chick ひよこ	OR Corn とうもろこし	OI Oil 油	UR Surfing サーフィン	EE Bee 蜂
QU Question 質問	OA Boat ボート	ER Flower 花	AI Train 列車	OW Now 今

＜３文字で１つの音を出す＞

IGH Light 光	AIR Chair いす	URE Sure もちろん	EAR Dear 愛する人	TCH Witch 魔女	ARE Rare まれな

発音しない子音のナゾ

 英語には「発音しない子音」がある単語があるのをご存じですか？

 発音しない子音？

 例えば「knife (ナイフ)」などが有名ですね。

 そういえば、knifeの「k」は発音しませんね。

 このような単語には、いくつかの理由が考えられます。
- 外来語由来の単語
- 昔は発音していたが、発音しなくなった
- 滑らかに発音するために省略した

以下に、単語例を紹介します。

「発音しない子音」がある単語

「b」を発音しない	climb / doubt / thumb
「h」を発音しない	honor / honest / hour
「k」を発音しない	knife / knock / know
「p」を発音しない	psychology / receipt
「t」を発音しない	castle / fasten / listen
「w」を発音しない	whole / write / wrong
「gh」を発音しない	light / weight / flight

 言葉の由来や歴史が垣間見られて面白いですよ！

Chapter 4

イチロー式　一撃英語メソッド④

——

劇的にリスニングが
上達する
「アメリカ英語」の集中講義

日本人が知らない 「water」の発音の仕組み

アメリカ英語の 「特殊なt」の発音の秘密

 英語の母音・子音、なんだか今まで英語ができなかった ナゾが、少しだけ解けてきた気がします！

 子音については、もう1つ「アメリカ英語のt」について 知っておくと、よりリスニングの精度が高くなります。

 「アメリカ英語のt」？

 例えば、「water（水）」という単語は、アメリカ英語では 「ワラー」のように発音するという話は聞いたことがあ りませんか？

 たしかに、聞いたことがあります！

 ここまで母音と子音を見てきましたが、「water」という 単語を読み直しても、「ワラー」のように発音するのは へんですよね？

たしかにそうですね！ 「water」のどこかに「ラ」の発音をするような子音があるんですか？

 実は、アメリカ英語の場合に、「t」の発音で特殊なルールのようなものがあります。

 アメリカ英語の「特殊なルール」？

 アメリカ英語の場合、単語や文をできるだけ滑らかに発音しようとするクセがあります。
その中で、特に大きな特徴と言えるのが、この「t」の特殊な発音です。

 そんな特殊な発音が……。よく出てくるんですか？

 「water」という基本的な単語に登場するくらいなので、本当によく使われます。
この仕組みを、わかりやすいように少し詳しく解説しますね。

「water」の「t」は
アメリカ英語独自の発音

 「water」が「ワラー」のように発音されるとき、ポイントとなるのが、waterの真ん中にある「t」の発音です。

やっぱり、この「t」の部分が「ラ」のようになるんですね。

 「t」単体の音は、子音でも紹介したように「タ」から母音を抜いた、短く弾くような音です。

 そうですよね。そうなると、やっぱり「ウォーター」と普通に発音するのが正しいんですよね。

 英語発祥の地のイギリスでは、そのように「ウォーター」に近い音で発音します。
しかし、アメリカ英語では、一つひとつの英語の音を、なるべく滑らかに流れるようにしてつなげていきたいという、性質というか性格があります。

 滑らかにつなげる……。

 ハリウッド映画などで話される英語では、「タラララ〜」と、流れるように話す特徴がありますよね。

 それはわかります！ そのせいで、まったくリスニングができないんですよね……。

 この流れるような話し方によって、アメリカ英語では「特殊なtの発音」や「音を連結して話す」という、独自の発音のルールのようなものができあがっています。

前章の母音や子音の発音方法とは、また違うルールがあるんですね。

「water」の「t」は「d」に近い発音に変化する

 話を「water」に戻しますね。
もともと「t」の音というのは、「タ」のように、発音の流れが止まってしまうような音になるんですよね。

 それに何の問題があるんですか?

 滑らかな発音をこのむアメリカ人にとって、その「t」を発音するのが「ちょっと面倒」だったんだと思います。

 えっ? 面倒?

 そう、もうちょっと「タララ～」と話したかったんです。
そこで、もう少し音を滑らかにつなぐために、「t」の発音を「d」に近い音で発音するようになったのです。音を濁らせることでなめらかにしたんですね。

 発音を変えちゃったんですか!?

 本当にそういう流れだったのか、というのは別にして、そういうイメージですね。

あくまでイメージですか（笑）

まず「t」を濁らせて、「d」のような音を出します。
この「d」に近い音を使って「water」を発音すると、カタカナ表記で「ウォーダー」に近い音になります。

これだと、まだ「ワラー」ではないですね。

このように「ウォーダー」と何度も何度も発音されるうちに、角が取れて「ワラー」のような、日本語的に「ラ行」の音に近い発音に変化していった、と考えられます。

「water」の「t」の発音が、「d」になって、最終的にラ行のような発音に聞こえるんですね！

厳密には「ワラー」と発音しているわけではないのですが、日本人にはラ行のように聞こえるので、最初からラ行で発音すると早いです。

「water」の発音1つとっても、英語の発音は奥が深いですね……。

ちなみにこの法則は、waterだけではなく、中間にtが入るような単語や、単語の組み合わせで共通して見られます。

例えばどんな単語がありますか？

 例えば、「better（より良い）」もそうですね。

 これも、間に「t」がありますね！

 この単語をイギリス英語で発音すると、そのまま「ベター」に近い音です。

一方で、アメリカ英語では「ベダー」や「ベラー」に近い音になります。

 「water」の場合と同じですね。

 それから、2語の熟語の「get it.（わかる）」の場合などもそうですね。

 イチロー先生、真ん中に「t」が入っていませんよ？

 よく見てみると、「get」と「it」の2語の間に「t」が入っていますよね。

 あっ、言われてみると……。2語の間に入る「t」にも、このルールが当てはまるんですね。

 はい。文を発音する際にも、滑らかにつなげるというルールが適応されます。

133

この場合、本来の発音なら、「get it」と、「get」の「t」が普通に発音されますが、2つの単語の間に「t」が入ることで、「t」が「d」に近い発音になり、「ゲディッ」や「ゲリッ」に近い音で発音されます。

なるほど……。

このように、アメリカ英語の場合の「中間のt」の発音の特徴を理解していれば、リスニングの精度がより一歩、正確になります。

英語の発音の仕組みが、また少しわかってきた気がします！

ここで説明した単語以外にも、いろいろな単語や熟語で当てはまるので、「中間のt」がある言葉に遭遇したら、ぜひここで学んだことを思い出してみてくださいね！

英語の最大の難関
「音の連結」の極意

実際の会話を「音マネ」して
話せるようになろう

 アメリカ英語の「特殊なt」の発音、すごく参考になりました！　何回も練習してみます！

 ぜひチャレンジしてみてください！　ただ肝心なのは、本書で紹介した母音や子音を繰り返し練習するだけではなく、映画やドラマなどで「実際の会話」を「音マネ」して練習することです。

 母音や子音だけを練習してもダメっていうことですか？

 ここまで紹介したように、英語は日本語と違い、「母音」と「子音」がペアにならずに構成されています。
そのため、単語を組み合わせて文にしたとき、「前の単語の母音・子音」と「後ろの単語の母音・子音」がつながって発音されます。

そうでした、そうでした！

 ここまで、英語では「音が連結する」という話を何度かしていますね。

母音・子音の関係をご理解いただいたところで、改めてChapter1で紹介した「I'm working on it.」を復習してみましょう。

英語のリスニングができないのは「音がつながる」のが原因だった！

 えーっと、「I'm working on it.＝アイm ワーキンノ ニッ」と発音する、という話でしたっけ……？

 その通りです！ 前回は、英語の学習における発音の重要性を紹介するためにお話ししましたが、今回は「母音と子音」という観点で、この文を見てみましょう。

 母音と子音の復習、ということですね。

 この文の発音を、「母音と子音」という観点で見ると、このような関係になっています。

I'm working on it.

↓

I'm workinonit.

 workingの最後のgは消えてなくなり、直後のonとつながります。この時点で「ワーキンノン」のような音になります。

「on it」では、「n」と「i（イの母音）」がつながって「onit」と発音されます。全部つなげると「ワーキンノニッ」というような発音になります。

 母音と子音を学んだ後で見ると、すごくわかりやすいですね。

 このように、英語では単語の組み合わせによって、多数の「音の連結」が発生します。

・母音同士が連結して発音される（oo、ouなど）
・母音と子音が連結して発音される（on it→onitなど）
・子音同士が連結して発音される（Good morningを
　「グッモーニン」のように発音する）

 英語がうまく聞き取れないもう1つの理由は、この「音の連結」にあったんですね！

「音の連結」は
知っておくだけでもOK

「音の連結」は
アメリカ英語の特徴

イチロー先生が
動画で解説！

 音の連結については、なんとなく理解しました。でも、このパターンって、どれくらいあるんですか？

 こうした「音の連結」のパターンは、単語と単語の組み合わせですから、数えていたらキリがないほどたくさんあります。

 ということは、それを一つひとつ覚えていくわけですか？　それはちょっと、気が遠くなりそう……（泣）

 ユミさん、落ち着いてください。ネイティブの人でも、このパターンをいちいち覚えている人はいません（笑）

 じゃあ、どうやったら身につけられるんですか？

 そのように「完璧にしよう」と考えてしまうのが、日本人の悪いクセなんです。

音の連結は、そもそも「滑らかに話したい」と考える、アメリカ人のクセのようなものです。これを完璧にコピーしなくても、英語は聞き取れるようになりますし、スピーキングもしっかり通じます。

 えっ？　ただの「クセ」？

 英語発祥の地・イギリスで話される「イギリス英語」では、単語の連結はあまりなく、1つずつ区切って話します。

 クイーンズ・イングリッシュってやつですね！　聞いたことはあります。

……でも、それってアメリカ英語とどれくらい違うんですか？

 ちょっと話してみますので、比較して聞いてみてください。

●アメリカ英語の発音

Are you sure?

（「sure」はあえてカタカナ表記すると「シュア」と発音。文末が上がる。）

●イギリス英語の発音

Are you sure?

（「sure」は「ショア」と発音。文末が下がる。）

いかがですか？　だいぶ印象が違うと思います。

たしかに、同じ文なのに、まったく違って聞こえますね！

 このように、英語が公用語の国でも、いろいろな発音の仕方があります。

「音の連結」自体は、知っておくことでリスニングがしやすくなる要素です。だからといって「音を連結させて発音しないと間違い」ということではありません。

 知っておけば、映画やドラマで英語を音マネするときに便利、ということなんですね。

アメリカ英語は「合理主義」
イギリス英語は「伝統主義」

 そういえば、アメリカ英語とイギリス英語って、「Are you sure?」だけでなく、どんな文でも発音が違うんですか？

 そうですね。ある程度、英語の音に慣れてくると、一瞬で聞き分けられるほど違いますよ。

 早く聞き分けられるようになりたいです！

 ちなみに英語はイギリスが発祥ですが、1492年のアメリカ大陸への到達から、イギリスからアメリカへの移民が始まりました。

アメリカに渡ったイギリス人というのは、わざわざイギリスを出て新大陸へ行った訳ですから、どちらかというと伝統的で堅苦しいのを嫌った合理主義的な人の方が多かったんだと思います。

そのためだと思うのですが、英語の話し方についても、どんどん合理化されていきます。

英語が、合理化？

 イギリス英語というのは、単語をはっきりと発音しながら、伝統を重んじた遠回しな言い回しが多い傾向があります。略語をあまり使わないで話すことも、アメリカ英語に比べて多いです。
その分、イギリス英語を話すのは、アメリカ英語よりエネルギーを使います。

 へぇ～、実はそんな違いがあるんですね。興味深いです！

 アメリカ英語は、たくさんの移民によって話されているうちに、どんどん合理化され、滑らかに単語を連結させて、悪く言えば「ダラダラした話し方」になりました。
発音を省略したり、単語を区切らずに話したりしがちです。

 ということは、アメリカ英語の方が、話すのが楽なんですか？

 そうなりますね。イギリス英語の場合は、はっきりと話すために、少し強めに発音をする傾向があります。
一方のアメリカ英語は、滑らかに話すことで、イギリス英語と比べて弱い発音になっている傾向があります。
滑らかに文を発音するため、アメリカ英語では「音の連結」や「発音の省略」などが多く見られます。

それぞれの歴史や文化を反映しているんですね。でも、学校や試験では、基本的にアメリカ英語を習っているわけですよね。そんなに覚えてられないです……。

もちろん、そんなに覚える必要はないですよ！
基本的には、このようなルールを覚えようと必死で暗記するよりも、DVDなどで実際の音声を聞いて、「音マネ」をすることをお勧めします。
様々なバリエーションを自分で経験していくことで、慣れてくると感覚をつかんでスラスラと発音ができるようになります。

やっぱり、「音マネ」していくうちに「音の連結」にも慣れてくるんですか？

もちろんです。音の連結に慣れてくると、よりアメリカ英語のリスニングが上達すると思います。
そのうち、アメリカ映画とイギリス映画を見比べて、発音や表現の言い回しの違いを楽しめるようになりますよ！

わかりました。私も吹替版を卒業して、その域に行けるように頑張ります！

知っておけば一撃で聞ける！ 「音の連結」のバリエーション

知っておきたい 基本の「音の連結」

 あのー、イチロー先生。
さっそく、海外ドラマで試してみたんですが、実際の会話を聞きながら「音の連結」を学ぶといっても、やっぱり、いきなり聞き取るのは難しかったです……。
もう少しだけ、「音の連結」のパターンを教えてもらえないでしょうか？

 わかりました。よく登場するフレーズで、どのような「音の連結」があるのか、いくつか紹介していきましょう。

 ありがとうございます！

 読み仮名は、あくまでカタカナ的な表記をするなら、という意味で入れています。ここまでで紹介した母音と子音の音をしっかりと意識して、映画やドラマでの発音練習に役立ててください。

「音の連結」のバリエーション①
母音同士が連結するパターン

「I'll handle it.」の場合

 それでは、アメリカ英語で頻出の「音の連結」について、具体例をいくつか紹介していきましょう。

I'll handle it. （私に任せて）

→I'll handlit. アレハンドリッ

 この文では、「I'll」は「アイル」というより、「アL」という感じです。後半では「handle」の最後の母音「e」が欠落し（これは「マジックE」などと呼ばれる、語尾のeの音が欠落する現象です）、「it」の最初の母音「i」が連結して、「handlit」のように発音します。

 「handle」と「it」が連結して「ハンドル イット」から、「ハンドリッ」とつながった発音になるんですね。

「音の連結」のバリエーション②
「特殊なt」の発音パターン

「Get on with it!」の場合

Get on with it! 　（とりかかれ！）

→**Ge_don wi_thit!** ゲロンウィズィッ！

この文では、「Get on」のところで「中間のt」がありますね。

「d→ラ行」のように発音するんですよね！

その通りです！　そのため、「Get on」は、「ゲット オン」ではなく「Ge_don」のように発音され、日本人の耳には「ゲロン」のように聞こえます。
また、「with it」では「withit」のようにつながります。

よく見ると「thit」は「this」のような組み合わせになっていて、発音も「this」の「thi」部分に近い感じに聞こえますね。

ユミさん、だいぶわかってきましたね！

「Give it a try!」の場合

 「特殊なt」のパターンを、もう1つ見てみましょう。

Give it a try!　（やってみなよ！）

→Givida try!　ギヴィラトライ

「Give it a try!」は、映画やドラマはもちろん、日常会話でもよく登場するフレーズですね。

 これは、連結部分が細かくてわかりづらいです……。

 一つひとつ見ていきましょう。
まず「Give」と「it」が連結すると、「Give」の最後の「e」は発音しないので、「Giv」＋「it」となります。
さらに、「it」と「a」が連結することで「ita」となり、「t」が「中間のt」として「d」に近い発音になります。

 また出てきた！　「特殊なt」の発音は「d」とラ行に近い音なんですよね。

 その通りです。そのため、「Givita」の後半が「ラ」のように聞こえるわけです。

「音の連結」のバリエーション③ 「can't」の「消えるt」のパターン

「can't」の場合

I can't find them.
（靴などの複数のものが見つからない。）
→**I cán't find them.** アイケーンファイネム

 先生、「can't」の「t」が消されちゃっていますよ。

 アメリカ英語の場合「can」と「can't」の発音の際に「t」の発音が省略されることがあります。
リスニングやスピーキングの際に混乱する場合が非常に多いので注意が必要です。

 「t」が省略されちゃったら、「can」なのか「can't」なのか、わからなくなっちゃいます（笑）

 実は、この「can」と「can't」の発音は、私自身も何度も間違えた経験があるくらい、英語学習者にとって共通の悩みの種です。

「できる」と「できない」だと、大きな違いですからね。これが聞き取れないと、日常生活でも困っちゃいそう……。

本当に困りますよね。でも、ご安心ください！
私自身の困った経験から生み出した、とっておきの「聞き分け方」を伝授します。
「can」と「can't」を比較すると、アクセントの位置が変わる、という特徴があります。

アクセントの位置で聞き分けるんですか？

「僕はできるよ」という場合、「僕は」の部分が大切ですよね。そのため「I can.」の「I」の部分にアクセントがつきます。
一方で、「僕はできないよ」という場合、「できない」ことを伝えたいわけなので、「can't」の方にアクセントがつきます。

主語にアクセントがくるか、「can't」にアクセントがくるかで判別するんですね。

そのため、「I can't find them.」の場合、「can't」にアクセントがつき、「t」の音が省略されます。
また、「find」の「d」と近い発音の「濁ったth」が重なった結果、「th」が省略されて発音されます。

「音の連結」のバリエーション④ 「hが消える」発音パターン

「Call her.」の場合

Call her. （彼女を呼び出して）
Call her. コーラー

 「her」が「ラー」になっちゃっていますけど、どうして なんですか？

 「h」はもともと弱い発音で、連結して発音されると「発音が省略される」場合があります。

 えっ、省かれちゃうんですか？

 「l」から「h」に連結する際に、より滑らかに発音しようとした結果なのではないかと思います。
ちなみに、「hour（アワー、時）」や「honest（アーネストゥ、正直な）」といった単語は、そもそも「h」を発音しない単語として知られています。

「Fire him.」の場合

Fire him.　　（彼を辞めさせろ）
Fire<u>h</u>im.　　ファイヤリム

 このパターンでも「h」が省略されて発音されるんですね。

 人によっては、「him」の「h」を発音しないで「im」の発音（「イ」の音）で会話する人も少なくないようです。
アメリカ英語を聞くときは、そういったことを頭に入れておくとよいでしょう。

 上の発音だと、「him」が「リム」と発音されていますね。

 「him」の頭の「h」の音は弱いため、連結によって欠落します。そのため、「fire」に「h」が欠落した「im」をつなげて発音すると「ファイヤリム」のような音になります。

 ふむふむ、ちょっとつかめてきた気がします。

 実際に声に出してみると、「こういう感じ」と理解できますよ！

「Keep an eye on him.」の場合

 「h」が消える例は、比較的多く登場するので、もう1パターン紹介しますね。

Keep an eye on him.
　　　　（彼から目を離さないでね。）
→**Keepaneye onhim.**
　　　キーパナイオニム

 この文では、単語が何個もつながっていますね！

 この場合、「keep」は独立して発音されず、「keep an eye」が1つに連結されて発音されます。
後半の「on」と「him」も連結しますが、ここでも「h」の発音は省略されてしまいます。

 ここで音が省略されると、どういう発音になるんですか？

 この場合、「onhim」の「h」の発音を飛ばして、「onim」のような発音になります。

 なるほど〜。これは、知らないと戸惑っていたかもしれません！

「音の連結」のバリエーション⑤ 「d+you」の発音パターン

「I told you.」の場合

I told you. （だから言ったじゃない。）

I told you. アイトージュー

これも会話の中で頻繁に登場するフレーズですね。「told」の「d」と「you」が連結して発音されます。

「dyou」で「ジュー」と発音されるんですか？

youはこの単語のみで「ユー」と発音します。toldとyouが繋がると自然に「トージュー」となるんです。

「トールド　ユー」ではない訳ですね。

理屈では難しいように見えますが、「Did you〜？」（ディジュー〜？）などの超頻出フレーズで登場するので、会話をマネしているだけで自然と覚えてしまいますよ。

153

まだまだある？ 「発音の例外」パターン

● 結局は文字よりも音が大事

「you」のところで、「例外の発音」というのが登場しましたが、このほかにも発音の例外があるんですか？

そうですね。たしかに、英語の場合は非常に多くの例外が存在します。

ひぇ〜、そうなんですね（汗）

例えば、母音で登場した「ou（アウ）」は、「soup（スープ）」のときには「ウ」の母音として発音します。
また、「couple（カップル、一対の）」のときには「ア」の母音として発音します。

同じ母音でも、単語によって発音が変わるんですね。奥が深い……。

結局のところ、「スペルよりも音が大事」というのが結論なんですよね。音を聞いて、口を動かして覚える方が効率が良いと思います。どんどん発音しましょう！

Chapter 5

イチロー式　一撃英語メソッド⑤

——

独学でペラペラになる「ネイティブ英語の習慣」をつくる

英語学習を
「修行」にしない方法

「音」から学ぶって
具体的にはどういうこと?

 イチロー先生、なんとなくですが、英語の発音のルール
というのがわかってきました!
……でも先生、これで本当に、私も英語が上達したんで
しょうか?

 もちろんです!
英語の発音パターンを身につけたことで、これまでとは
まったく違った英語の世界を楽しむことができると思い
ます。
とはいっても、やはり英語は「身体」で覚えるものなので、
最初から完璧に聞けるようになるのは難しいと思います。

 ま、まぁそうですよね……(笑) ここまでは発音をや
っただけで、これから英単語や英文法も身につけていか
ないといけないですし。
先生は、どうやって発音の習得からペラペラ話せるよう
にまでなったんですか?

「独学で英語をマスターしました」というと、机にかじりついて、ペンとノートと教科書でガリガリと勉強する、修行のようなイメージを持たれる方が多いんですよね。
でも実際は、単に英語を楽しんでいただけなんです（笑）
楽しんでいるうちに、いつの間にか上達していくんですよね。

楽しみながら上達……。それって、確かに理想的ではあるんですけど、実際はなかなか難しいですよね。

そんなことはないですよ。独学で語学を上達させることは、実際はそれほど特殊なことではないんです。
Chapter 1でも例に出しましたが、日本のアニメをきっかけに日本に興味を持ち、自分自身で日本語を覚えた、という外国人の方は多くいらっしゃいます。

「音」から学んだ成果、ということなんですよね。
でも、具体的にどうやれば、「音」から英語が上達するのか、いまいちピンとこないんです。
例えば、「音から単語を増やす」には、どうすればよいんでしょうか？

なるほど。では次は、「音」から単語を学ぶ方法について、ご紹介しましょう！

157

英語が一撃で上達する
イチロー式「モノマネ」学習法

見たセリフを即メモ
「音マネ」で文法まで覚える

 イチロー先生は、洋画や海外ドラマをDVDで見て英語をマスターしたんですよね。やっぱり、字幕なしでひたすら見続けたんですか？

 学習を始めた当初は、まったく英語ができなかったので、日本語字幕で見るようにしていました。
1回見て内容を把握した後、今度は同じ映画を英語字幕で見て、セリフに対応する英文をチェックする、という感じでやっていましたね。

 やっぱり、英文を調べるときは紙の辞書を使いましたか？

 調べるときは、ほぼネットのみですね。

 ネットでですか!?　電子辞書ですらないんですね（笑）

今はもう、紙や電子辞書で調べるより、ネットで調べた方が速いですよね。それに、Google検索をすれば、辞書よりも遥かに、ネイティブが書いた例文をたくさん見ることができます。

 言われてみると、まさしくそうですね（笑）　やっぱりググるのが一番なのか〜。

 英語字幕を1回読むことで、文の意味もしっかり学ぶことができます。音が重要だといっても、文の意味をしっかり理解することで、より早く上達することができますからね。
意味を確認しながら、映画のセリフをどんどんマネしていきます。まさに「モノマネ」のような感覚ですね。そして、ほとんど暗記するほど繰り返し練習しました。

 たしかに、お気に入りの映画なら、セリフを暗記するほど見ていられますよね！

 セリフを暗記するほど覚えてしまうので、英単語やフレーズをまるごと身につけてしまうことができます。
こうすることで、関係代名詞などの英文法も、「そういうもの」という感じで、感覚的に覚えられるんですよね。いちいち理屈で覚えるよりも、ずっと早く英語が身につきます。

単語もフレーズも、文も覚えられて、リスニングも鍛えられる……。まさに最強の勉強法ですね！

 Chapter 2〜3で紹介した発音の知識を活用すれば、ゼロからでも、すんなりとリスニングができるようになると思います。

英語が一撃で上達するのは 「お気に入りの海外ドラマ」

 暗記するほど映画やドラマを見て、楽しんでモノマネするだけで英語が上達するなんて、夢みたいな話ですね！ところで、映画やドラマの選び方のコツなんかはありますか？

 何と言っても、「自分が興味のある分野」が最も大切です。面白くない映画で練習しようとしても、まったく楽しくありませんからね（笑）

 それは、まさしくその通りですね（笑）

 また、どちらかといえば、映画よりもドラマの方がおすすめかもしれません。

 どうしてですか？

映画は、2時間ちょっとの短い時間にストーリーを詰め込むため、話の展開やセリフ回しが若干速い傾向があります。

その一方で、海外ドラマの場合、急ぎすぎないスピードで展開するので、リスニングがしやすいと思います。

また、同じ登場人物で何時間分もエピソードが続くので、俳優の発音のクセに慣れることができ、よりリスニングがしやすくなるメリットもあります。

 同じ俳優のセリフを聞くというのは納得ですね。好きな俳優のセリフなら、何回でも聞いて音マネできそうです！

……ちなみにですが、先生のオススメってありますか？

 やっぱり、自分が一番好きなものがいいと思いますが、実用という面で言えば、「自分にとって身近なジャンルのもの」が最適です。

例えば、社会人の女性だったら「Friends（フレンズ）」がオススメです。アメリカで10年もの長期にわたって続いたシリーズで、日常の英会話で使われるセリフが多いのが特徴です。

これに対して、IT系ビジネスマンの方には「Silicon Valley（シリコンバレー）」が面白いと思います。Tech系企業を中心としたストーリーで、IT企業なら「あるある」の展開が多く、実際に仕事で使われる英単語も豊富です。

また、超初心者の方には、子どものアニメから入るのも

オススメできます。ゆっくりしたセリフで展開するので、しっかりと基礎を学ぶことができます。
特に、日本では英語の絵本に登場するような日常的な英語が教科書に載っていないことが多いので、学び直しに最適です。

 何だか、話を聞いていたらワクワクしてきました。英語の勉強って、こんなに楽しみになるものなんですね！

語彙力アップのための
本当の単語帳の使い方

単語帳は音読に使う

イチロー先生、英単語の力をもう少し伸ばしたいと思って本屋さんで買ってきた英単語帳を開いているんですが、上手な活用方法を教えてください！

たしかに、大学受験のときは私も単語帳を使いました。ちなみにユミさんは、単語帳をどのように使っていますか？

えっ？ 単語の勉強と言ったら、やっぱり単語帳なんじゃないですか？ 単語帳を開いて、そのページにある単語をひたすらノートに書き写したり、単語を赤いシートで隠して一問一答を繰り返したりするのが鉄板ですよね？

なるほど。私の同級生も、みんなそうやって英語を覚えていましたね。

これが、まったく頭に入らないんですよね……（笑）

単語帳で学習する場合、1ページずつ確実に覚えようと
する人は多いですよね。

 そうそう、私もそのタイプです！

 私の場合は、

単語帳1冊分の例文を、
一気に音読する

というやり方で単語を覚えていました。
黙々とスペルを暗記するのではなく、単語に併記された
例文を一気に音読して、歌を覚えるように習得する方法
です。

 1冊を、一気に音読？　それだけで覚えられるなんて、
ものすごい記憶力ですね！

 もちろん、1回で全部覚えるなんて無理ですよ（笑）
このやり方で大切なのは、「完璧に覚えようとしない」
ということなんです。

単語帳は
繰り返し身体に覚えさせるもの

 完璧に覚えようとしないって、それでいいんですか？

 人間が1日に覚えられる物事の量は決まっていると言われています。1ページを完璧に暗記したとしても、数百ページもある単語帳を1冊やり終えるまでに何日もかかっていたら、ほとんどの単語を忘れてしまいます。

言われてみればそうですね……。1ページずつを完璧にしようと思うと本当に大変なんですよ（笑）

 そうこうしているうちに、単語帳の最後までたどり着けなかったりするんですよね。
そうなるくらいなら、全部の単語に触れた方が絶対に効率が良いと思います。

 そんなに大量に音読しても覚えられないですよね？　それなのに意味があるんですか？

 単語を覚えるときに最も大切なのは、「その単語に触れる頻度」です。

 単語に触れる頻度……？

 何度も何度も出会う単語は、それだけ覚えるべき優先度が高いと言えます。
たとえ1回で覚えられなくても、次にもう一度見たときに「これ、見たことある。なんだっけ？」と、改めて覚えればいいんです。

 確かに……。英会話って、テストじゃないわけですからね！

まさにその通りです。私たちも普段、初めて知った日本語の言葉を、1回で覚えてはいませんよね。会話の中で何度も登場して「それってなんだっけ？」と調べ直して、繰り返していくことで覚えていきます。

そのように、英単語も何度も繰り返し覚え直す単語こそ「本当に自分が覚えておくべき単語」だと言えます。

逆に言えば、あまり出てこない単語は忘れてしまっていい、ということですか？

もちろんそうです。普段使わない単語というのは、それだけユミさんにとって優先度が低い単語なんです。

そうしたものは忘れてしまって、何度も出会う単語を優先的に覚えていく方が効率的だと思いませんか？

なるほど……。まさに、目からウロコです！

そういう意味でも、単語帳を1冊勉強するにしても、1ページを時間をかけてしっかりと覚えようとするのはあまり効率的ではありません。

1度か2度に分けて一気に全部の例文を音読すると、短い時間に多くの単語に触れることができます。

例えば、毎日1ページだと1ヶ月で30ページ分の単語しか触れることができないですが、毎日全ページを一気に音読するスタイルだと、全部の単語に30日毎日触れることができます。

自分に最適な 語彙力を一気に伸ばす方法

英単語の学習に 市販の単語帳は必須ではない

 単語帳の使い方、すごく参考になりました！　単語帳を使って、さっそく音読をやってみます！

 ユミさん、ちょっと待ってください（笑）
単語帳なんかなくても、ちゃんと英語の勉強はできますよ。

 えっ？　またまた……（笑）　イチロー先生、たった今、単語帳の使い方を教えてくれたじゃないですか。

 もちろん、単語帳は試験勉強など「出題範囲が限定された学習」には便利です。
でも、ユミさんは、英会話を上達させたいんですよね？

 ええ、まぁ……。今は、海外でリアルな会話ができるようになりたいので、TOEICとかを受験するわけではないですね。

市販の単語帳に掲載されている単語は、「自分向けに選ばれた英単語ではない」ことが少なくありません。そのため、闇雲に単語帳を音読しても、あまり楽しく学習ができないと思います。

 それは、言われてみると確かにそうですね。

 資格や試験のために一時的に頭に詰め込んだ単語は「自分に必要がない」ので、やめた途端に忘れてしまうんです。だから、高校や大学受験で英語を勉強したのに、ほとんどの日本人は英単語をほぼ覚えていないでしょう（笑）

私があみ出した学習法では、単語帳は使いません。

 えっ、そうだったんですか？　単語帳なしで、語彙力を増やせるものなんですか？

「必須の英単語」は
人によってまったく違う

 例えば、IT系のビジネスマンの人と、専業主婦の人がいたとします。

この2人がまったく同じ英単語帳で勉強したとして、どれほど効率的に学習することができるでしょうか。

うーん、2人とも頑張ればいいんじゃないですか？

 ちょっと例えが悪かったですね。そういうことではありません（笑）

例えば、単語帳に2つの単語があったとします。

①adorable （赤ちゃん、ペットなどが）かわいらしい
②activate （パソコン、アプリなどを）起動する

IT系のビジネスマンと、主婦の方で、それぞれどちらの単語を知っておくと便利でしょうか。

 うーん……。専業主婦の人が「①adorable」、IT系ビジネスマンが「②activate」を覚えておいた方がいい、という感じでしょうか……。

 その通りです。専業主婦の場合、ママ友さんとの会話などで「かわいい」という単語を使用する場面が多いかもしれません。また、IT系ビジネスマンなら、海外のIT企業との会議で「activate」という単語は必須と考えられます。

このように、人によって「覚えておく優先順位が高い英単語」が違うということができます。

 なるほど、納得です！

 もちろん、専業主婦の方でも、IT関連の趣味があれば「activate」という単語を知っておく必要があります。

また、IT系ビジネスマンでも、子どもやペットについての会話をよくするなら「adorable」が必要となるかもしれません。

単語の優先度合いというのは、まったくもって、人それぞれなんです。

 だから、自分の環境や趣味にあった単語帳がないと、勉強するのに非効率的だということなんですね。

「自分の単語メモ」が
最強のテキスト

 必要な単語は、人それぞれ……。でも先生、自分にピッタリの単語帳なんて、絶対に見つからないんじゃないですか？

 そうですね。見つからないと思います。

 そうですねって（笑）　じゃあ、どうやって語彙力を伸ばすんですか？

 自分にピッタリの単語帳がないなら、つくってしまえばいいんです。

 単語帳を、作る!?　フラッシュカードみたいなものを作るということですか？

 おっと。「単語帳」と言ってしまうと、やっぱり完成されたものを作ろうとしちゃいますよね（笑）
そういうものではなく、**簡単なメモのようなもの**です。
私が高校生のころ、英語学習のほとんどは洋画や海外ドラマの「音マネ」でした。
画面の向こうで実際に飛び交う会話を見ながら、わからなかった文章や英単語を、とにかくメモしていきます。

メモ帳にどんどん書き溜めていくんですね。

 メモした単語や文を、あとで辞書で調べて意味を把握したら、声に出してマネをしていく、というのが私の学習法でした。覚えられたら捨ててしまっていいんです。覚えたはずの単語をまた忘れてしまったら、また調べて、声に出して練習すればいいんですよ。

 そうすることで、発音から、どんどん英単語が蓄積されていくんですね！

 もちろん、この「英語メモ」は映画や海外ドラマだけに限定する必要はありません。
ＩＴ系ビジネスマンなら、仕事上で登場した英語でもいいと思いますし、専業主婦の方なら、料理やショッピングなどで使う単語を書き込んでいってもいいと思います。
ひと言で言うと、

身近なものを、すべて英語にする

という作業に、この「英語メモ」でチャレンジするわけです。

 身近なものを、すべて英語にする？

はい。メモ帳でも、付箋なんかでもいいと思います。
例えば、トイレに行ったら、

Flush the toilet.　　トイレの水を流す。

というような言い回しを使いますよね。
そこでトイレに、「Flush the toilet.」と書いた付箋を貼ってみる。
そのほかにも、テレビのリモコンなどは、よく見当たらなくなりますよね。そこでリモコンなどに、

Where is the remote control?　　リモコンはどこ？

と文を書いて、貼っておきます。
もちろん、携帯電話などに、

My phone is missing.　ケータイがなくなった。
My phone is dying.　充電がなくなってきた。

といった文を入れてもいいと思います。
ここで大切なのは、単語ではなく、実際に使う文でメモして、ことあるごとにそれを音読するということです。
単語だけ覚えても、会話では使えませんからね。

なるほど。目に見える場所などに、どんどん英語を貼り付けていくわけですね。

身の回りにあるものを
すべて英語化してみる

 この延長として、身の回りのものをすべて英語にするというのも効果的です。

 付箋を貼るだけじゃないんですか？

 例えば、ケータイやパソコンの言語設定を英語にしてみるのも有効です。

 えっ、パソコンを英語にしたら、使い方がわからなくなりませんか？

 ケータイやパソコンは、言語設定を英語にしても、操作方法は変わりません。そのため、英語にしても何となく使い方がわかるんですよ。

 そうなんですね！　ケータイが英語って、ちょっとオシャレですね。

 ケータイやパソコンを英語にすると、使っているだけでIT関連の英語が自然と頭に入ってきますから、IT企業に勤めている方には特にオススメです。
それだけではなく、本棚に洋書をおいたり、メモ帳を英語で書いたり……。

なんでも英語でやってみることで、英語を身近に感じ、英語に対する心の壁を低くすることができると思います。

 私も実感があるんですが、英語に対する心の壁ってありますよね。

 これも、学校の英語教育によるトラウマだと思いますが、「英語に慣れる環境をつくる」ことで、これを克服できます。

例えば、毎日スターバックスコーヒーに通っている人は、アメリカに行っても、他のカフェよりスターバックスの方が敷居が低く感じますよね。

それと同じように、英語を生活の中に溶け込ませることで、英語学習をしたり、英語を話したりすることへの抵抗感を和らげることができると思います。

 スタバの例えはよくわかります……。海外旅行初心者だと、地元のレストランは敷居が高いので、ついつい、よく知っているチェーン店に行きがちなんですよね（笑）

 そういう意味では、外国人スタッフしかいないレストランに行ってみるのもいいですね。

 今度行ってみます！
まずは、ケータイの音声認識機能を英語にしてみます。

ユミさん、いいところに気づきましたね！　音声認識を使うと、自分の発音をチェックすることもできます。Siriに英語で話しかけたり、音声入力でメモしたりするのも良いですね。ぜひ活用してみてください。

ミスを恐れると
学習効率が下がる

イチロー式では
英語の添削はしない

 イチロー先生、「身の回りの英語化」にチャレンジしようとしたんですけど……。

 ユミさん、どうしました？

 単語じゃなくて文でメモを書こうとすると、ちゃんとした英語かどうかわからなくて……。調べ始めると、どんどん沼にハマっていくんです。
英文の添削をお願いしてもいいですか？

 ユミさん、実は、「イチロー式 一撃英語メソッド」では、英語の添削は一切しないことになっているんです。

 ええぇっ！　英文を直してくれないんですか!?

 「自分の英単語帳をつくりましょう」と言うと、どうしてもみなさん、「絶対に正しい英文」を集めた単語帳を

つくろうとするんです（笑）

 だって……（笑）　間違って覚えたら大変じゃないですか。

 添削を始めてしまうと、「先生に教えてもらったフレーズを覚えればいい」という感じで、どうしても受け身になってしまうんです。
「先生につくってもらった英語マニュアル」になってしまうと、これほどつまらないものはないと思うんです。

 せっかく自分なりの単語帳をつくろうとしても、人に頼っていると教科書と同じになっちゃうわけですね。

 その通りです。それに、添削してもらう癖がつくと、「正しい英語じゃないと話したくない」と脳にブロックがかかり、上達の妨げになってしまいがちです。

 たしかに、固定観念にとらわれてしまうかもしれないです。

 特に初心者のうちは、間違いを気にせず、量をこなすことの方が何倍も大事。英語学習は、どこか筋トレやダイエットに似ていて、自分から楽しく前向きに取り組んでいく方が長続きしますよ。

 筋トレやダイエットと同じ……。

私自身、高校への入学は「みんなが入学するから」という理由で、なんとなく願書を出して、受け入れてくれた高校に入学しました。

しかし、やはり受け身で入学したので、入学した後はまったく面白くなく、引きこもりになってしまったんです。

 そういうの、私も身に覚えがあります（笑）

 例えば、スウェーデンは、非英語圏の中でも英語話者のレベルが高いことで有名です。

私も現地の学校に見学に行ったことがあるんですが、生徒はバランスボールに座りながら、自由に好きなことを勉強しているんですね。

学びたいことを学びにきているので、体裁も気にせず、自発的に勉強ができる雰囲気があります。

 日本の英語教育って、どうしても「やらされ感」がありますよね。

 そうでしょう？　スウェーデンでは大学が無料なのに、高校を卒業しても皆が大学に行くとは限らないんですよ。学びたいことが出てきたタイミングで行くんです。

 日本人は、特に理由もなく大金を払って大学に行く人も多いのに……。「能動的」と「受動的」な姿勢の対比がすごいですね。

社会人になって英語を学び直すのなら、やっぱり自分の好きな分野や、仕事に活かせる分野の英語を、自発的に続けていくことが最も伸びるんですよね。

英語の間違いは
自分で自然とわかる

 でも、やっぱり1人で学ぶのは不安です。正しい表現を身につけるには、どうしたらいいですか？

 ユミさん、まず安心してください！　英語は、英語圏だけでなく、世界中の、何十億人という人が話しています。非英語圏の人の方が多いわけですから、「正しい英語」を話している人の方が少ないんです。

 そ、そんな……。英語って、そういうものなんですか？

 そういうものなんです。ですから、多少の文法の間違いなんて、英会話の中では一切、気にしないでください。

 「間違ってもいい」……。心の中のモヤモヤが、スーッと消えていくような感じがします！

 それから、英語の間違いというのは、使っていくうちに自分で気づいていくものです。
子どもが日本語を覚えるときも、両親や周囲の大人が話

す言葉を聞いて、自分で気づいて直していきますよね。
そうやって、「少しずつできなかったことができるようになる」という感覚が、さらなる学習のモチベーションになるんです。

 そういう考え方は今まで一切してこなかったので、すごく新鮮です。

 私の場合も、たしかに猛スピードで上達しましたが、それでも日々の積み重ねでした。
いろいろな映画やドラマを見て、暗記するくらいセリフをコピーして、学校のネイティブの先生に何度も声をかけて……。
そうしていくうちに、少しずつ、確実に上達していくことで、英語を学ぶ楽しさに目覚めていったのです。

 学校の「やらされる」勉強ではなく、「自分から」英語に興味を持って映画やドラマを見たことがよかったんですね！

英語が劇的に上達する
英語学習の習慣

Instagramに
英語の投稿をしてみよう

イチロー先生、いろいろ教えてくださって、ありがとうございました！　私でも、今度こそ英会話の学び直しができそうな気がしてきました。

ユミさん、その意気です！　私も高校生時代、赴任していたJohn先生と、なんとか英語で会話がしたくて、自分で勉強をしながら果敢に話しかけたものです。

先生にも、そんな時期があったんですね。

私も最初は「Hi.」しか言えないレベルでした（笑）
でも、映画やドラマを見ながら、「今度はこのセリフで話してみよう！」と、フレーズを丸暗記して……。そのフレーズで話しかけてみると、また違った反応が返ってくるんですよね。
でも、やっぱり自分にはわからない英語が返ってくるので、それをまた調べて……。

そういうのを積み重ねて、少しずつ会話が成り立つようになっていくんですよね。

素敵なエピソードですね……。でも、私はネイティブの知り合いがいないので、どうやって実践して続けてみたらいいか……。

私が学習者の皆さんにオススメしているのが、「英語でInstagramに投稿する」ことですね。

えっ、英語でインスタ投稿ですか!?

実は、インスタの場合、非英語圏のユーザーもたくさん英語で投稿しています。みんなで英語で投稿して、みんなで英語でコメントを入れるんですよね。
英語のコメントで投稿した方が、「いいね！」をもらえる数が増えることもありますよ。

英語で投稿すると、日本にいても海外の人とつながれるんですね！

実際に私のスクールでは、生徒の皆さんがインスタを使ってアウトプットの習慣をつくっています。楽しいし、英語が上達すると大好評ですよ！

楽しそう！　楽しめて英語も身につくなんて、まさに一石二鳥ですね。

 間違いを恐れず、どんどん投稿してみてください。
インスタは英語の試験じゃないので、掲載された写真がステキなら「いいね！」をもらえます。
英語の投稿がきっかけで、海外のユーザーから「いいね！」や英語のコメントがもらえたら、一気に世界が広がりますよ。

 そうですね……！　先生にそう言われると勇気が出てきました。今度の週末、インスタ映えな写真を撮りに、街を散策してみます！　ありがとうございました！

おわりに

　ここまで読んでいただきありがとうございます。

　いかがでしたか？　英語学習に悩んでいた方なら、きっと様々な新しい発見があったことかと思います。

　しかし、本を読んだ後には、
「一気に読んじゃったけど、結局何をすればいいんだっけ？」
と、なりがちです。無理もありません。1冊の本の大量の情報をいっぺんに理解することなんて不可能ですから。
　それに、人間はいきなりたくさんのことを言われても、実行が難しくなります。

　そこで、この本で語った最も大事な部分を簡潔にまとめ、あなたがこれから実行に移す具体的なアクションプランを提示してこの本を締めたいと思います。

　まず、日本人が英語を難しいと感じていたのは「文字の勉強をしていたのが原因」ということ。
　そのため、単語を書いて書いてスペルを覚えることで暗記をしたり、難しい文法書を理解して、ガリガリ問題集を解いたり…「英語を話すスキル」に関係のないことに、一生懸命注力していたのです。

　英語を含め、言語を話せるようになるために必要なことは「文字の勉強」ではなく「音の練習」です。
　人と人が会話しているときに、そこにあるのは文字ではなく、音です。

　そして、「音」で英語を練習することで、スピーキング力はもちろん、英単語、英文法、リスニング力など、英会話に必要なスキルも数珠つなぎに身につくのです。
　これまでのように、項目ごとに学習法を分ける必要もありません。

　あなたがするべきことはただ1つ、
　声に出して英語を発音し、正しい音に近づけるように繰り返し音マネして練

習するだけです。

そうやって「正しい音で発音できる（理解している）ボキャブラリー」をとにかく増やしてください。

英会話力とは、「正しい音で発音できる（理解している）ボキャブラリー」がどれだけあるかで決まってくるもので、従来のように「どれだけの単語を正しいスペルで暗記しているか」ではありません。

では、何を題材に音マネすればいいのか？　それは「あなたが好きなもの」や「マネして楽しいもの」など、完全に自分の主観で決めてOKです。

もう、教材のように他の人に指定された、好きでもない英語から取り組む必要はありません。

英語とは、Lifetime Learning（一生の勉強）です。

「3ヶ月で英語ペラペラになろう！」とかそんな話ではないのです。仮に3ヶ月英語の勉強を頑張ったとしても、その後にやめてしまえば元の状態に戻ってしまいます。

途中までアメリカに住んでいて英語がペラペラだった人でも、もし全く英語を使うことがなくなれば、英語は話せなくなってしまいます。

英語を話せる人は、意識的に勉強をしていないとしても、英語力をキープするために何かしらの方法で英語に毎日触れているものです。

では、英語をLifetime Learning として取り組むために必要なことは何か？

答えはズバリ「楽しむ」ことです。楽しいから続けていると、「あれ、いつの間にか私、英語が上手くなってる！」という瞬間が必ず訪れます。

だから、自分が「楽しい」と思えるものを題材にして取り組めばいいのです。

そうやって英語を楽しめるようになると、信じられないスピードで上達していきます。

そうでないと、英語が嫌いになりかねません。

嫌いになってしまったら最後、英語からどんどん離れていってしまうでしょう。

私自身は、ハリウッド映画が好きで、カッコいいなと思ったシーンをモノマ

ネしてみたり、好きなセリフを繰り返して覚えたりしていました。

　また、好きな洋楽をカラオケで歌えるように練習したりと、練習して覚えた英語を使うために、外国人と英語を話せるチャンスがあれば、積極的に力試ししていたものです。

　そうやって、「好きなものから」「音マネ」をしていたら、日本にいながら英語を話せるようになりました。

　また、私がこれまで出会ってきた英語を話せるようになった日本人も、話を聞いてみれば例外なく、「好きなものから」「音マネ」をする習慣がありました。

　なので、この方法は私の独自のメソッドというよりは人間が言語を習得する自然のプロセスだと言えます。

　このプロセスは、英語に限らず、他の言語においても、過去をさかのぼっても、おそらく未来でも、変わらない原理原則です。

　原理原則に従えば、必ず結果が出ます。

　映画や海外ドラマ、アニメ、TEDトークなど、誰かが英語で話している動画、もしくは洋楽など、自分が好きな題材を決めて、洋楽なら1曲完璧に歌える、映画なら見なくても次のシーンのセリフが口から飛び出すほど、「音マネ」しましょう。

　「暗記」と考えると大変ですが、頭で暗記するのとは違い、人間は身体で覚えるとより早く、より多く、より長期的に情報を保存できますから、案外簡単ですよ。

　好きな洋楽を1曲歌いこなしたり、好きな映画のセリフをスラスラと言えたりする自分を想像すると、ワクワクしませんか？

　このように自分がワクワクする題材と目標を決めて、達成するまで「音マネ」してみてください。

　それを達成する頃には間違いなく、あなたの英語力は激変しているはずです。

ICHIRO

装丁デザイン／tobufune（小口翔平、岩永香穂）

本文デザイン／吉村朋子
（p2-192）

執筆協力／野村光

イラスト／岡村亮太

カバー・帯写真／ Cage Murakami

　　　　　　　インスタグラム：@cagemurakami

ＤＴＰ／ニッタプリントサービス

校　　正／鷗来堂

ICHIROさん、一撃で英語が話せる方法を教えてください！

2020年7月22日　初版発行

著者	ICHIRO
発行者	青柳 昌行
発行所	株式会社KADOKAWA
	〒102-8177　東京都千代田区富士見2-13-3
	電話 0570-002-301（ナビダイヤル）
印刷所	凸版印刷株式会社

●お問い合わせ
https://www.kadokawa.co.jp/（「お問い合わせ」へお進みください）
※内容によっては、お答えできない場合があります。
※サポートは日本国内のみとさせていただきます。
※Japanese text only